성경안에 숨어있는 50가지 보석찾기

초진수 목사 지음

나침반

서문

하나님은 무엇을 말씀하시며, 우리는 어떻게 살아야 하는가?

내가 편안했던 여의도 순복음교회를 떠나며 교회 개척을 결정할 때, 가장 간절했던 소원은 눈이 시리도록 성경을 읽는것이였다. 많은 성도들을 섬기다보니 늘 성경 읽을 시간이 부족했고 영적인 갈급함이 쌓여갔기 때문이였다.

이제 목회 35년을 감사하며 그동안 묵상할 때 큰 깨달음과 감동을 받았던 관주 성경의 핵심들을 50가지로 요약하여 책을 출판하게 되었다.

이 책의 특징은 성경을 인간의 지식으로 해석하지 않고, 하나님의 마음과 성령의 감동으로 해석한 것으로써 '하나님은 무엇을 말씀하시며, 성도는 어떻게 살아야하는가?'의 해답을 찾아가는 책이다.

특별히 이 책은 마치 보석을 가공하듯이 다듬어 놓았는데 가장 핵심 단어는 '주님과의 만남'과 '경외함'이다. 그러므로 이 책은 주의 종들에게는 많은 영적 감동과 설교자료를 제공할 것이며, 제직들에게는 성경을 보는 눈을 열어줄것이며, 평신도에게는 삶의 큰 변화를 선물할 것을 확신한다.

이제 이 귀한 책을 세상에 내놓으며, 나는 여인의 해산하는 기쁨을 느낀다(요 16:21). 그러나 이 책이 나올수 있었던 것은 결코 나의 힘이 아니라, 5년이란 짧지 않은 시간동안 곁에서 힘주시고 격려하신 주님 때문이였음을 머리 숙여 고백한다.

나의 꿈은 법관이였다. 많은 고난을 겪은 우리 가정을 살리고 내 꿈을 펼수있는 길이였기 때문이다. 그러나 하나님의 계획은 나의 생각과 달랐다. 내가 세상의 법이 아닌 하나님의 말씀을 공부한 뒤 주님을 위해 살기를 원하셨기 때문이었다. 그 길은 내게 너무도 막연하고 힘든길이였다.

그 결단의 시간은 26살 때 대형 교통사고로 다가왔다.

콩팥 하나, 췌장 끝, 비장을 떼어내고 작은 창자는 8곳 파열되었으며 대퇴골도 골절되었다. 의식을 회복한 것이 한달 뒤요, 침대에서 내려온 것이 석달 뒤였고, 수술만 10번을 했다. 그러나 놀라운 것은 육체가 찢어지는 고통속에서 내 영혼이 주님을 찾기 시작한 것이였다.

결국 오산리기도원에 올라갔고 하나님을 뜨겁게 만났다.

예배의 감동… 몇 시간의 눈물… 깊은 잠… 하늘의 밝은 빛… 분명한 하나님의 음성… '네 믿음대로 될찌어다!"

그날 새벽에 나는 주님을 만났고, 일년 반동안 복부 수술자국 여러곳에서 고름이 나오던 현대 의학이 포기한 이상 증세를 깨끗하게 치료받은 것이다.

은혜를 보답하기 위하여 신학을 공부했고, 여의도순복음교회에서 16년을 충성한 뒤, 아는 사람 한 사람도 없는 청주에 내려와서 APT 15층 사택에서 교회를 개척했다. 그리고 이제 18년… 조금은 외롭던 그 시간들을 넉넉히 이길수 있었던 힘은 성경의 묵상에서 나왔고 그 뜨거운 감동의 조각들을 모아놓은 책이 바로, 이 '50가지 보석 찾기'다.

초진수 목사

목차

서문 2

1. 놀라운 축복의 비결, 하나님의 형상 회복 7
2. 구약 성경의 놀라운 축복, 이슬과 소나기 11
3. 축복은 믿음의 분량대로 다가온다 15
4. 아브라함과 이삭과 야곱의 하나님 19
5. 가장 놀라운 은총 하나님과의 만남 23
6. 하나님은 성도를 보석으로 여기신다. 27
7. 광야를 통과하는 비결 3가지 30
8. 정성 있는 예배만 향기로 받으신다. 33
9. 인간의 열심과 신앙의 성숙은 다르다 36
10. 하나님의 축복을 담는 그릇, 경외함 39

11. 다윗의 위대한 삶과 기름부음의 관계 42
12. 놀라운 승리의 비결 하나님과의 동행 46
13. 하나님의 축복은 언약의 성취로 다가온다. 49
14. 부귀와 영광이 넘치는 삶의 비결 53
15. 참된 믿음은 고통 속에서 노래하는 것이다. 57
16. 참된 축복은 내가 변화될 때 시작된다. 60
17. 기도는 죽음의 문턱에서 일어나는 것이다. 63
18. 기도 응답은 하나님 사랑과 비례한다. 66
19. 기도는 거룩한 향을 태우는 것이다. 69
20. 가장 큰 보물은 진리의 말씀이다. 72

21. 재물의 풍성한 축복과 3가지 창고 75
22. 마음의 병을 치료하는 비결 78
23. 잠언과 3가지 생명나무 81
24. 능숙한 사람은 왕 앞에 서리라 85

25. 예수님의 신부……3가지 특징 88
26. 참된 사랑에는 3가지 단계가 있다. 91
27. 하나님의 선택, 그 놀라운 사랑 95
28. 하나님의 생각과 사람의 생각은 다르다. 99
29. 하나님이 이스라엘 백성 곁을 떠나는 이유 102
30. 치료하는 광선과 외양간의 송아지 106

31. 예수님의 탄생은 제2의 창조사건이다. 109
32. 신약성경의 중요한 핵심인 천국 112
33. 신앙생활은 잃어버린 것을 찾아가는 것이다. 116
34. 참된 은혜는 깨달음으로 시작 된다. 119
35. 예수님은 기적을 베풀기전 불쌍히 여기셨다. 122
36. 하나님의 음성을 듣는 비결 125
37. 가장 모범적인 기도, 예수님의 기도 129
38. 성도의 영광은 제자의 길을 걷는 것이다. 133
39. 구약의 믿음의 사람들과 예수님의 얼굴 137
40. 기적의 목적은 기적 자체가 아니다. 140

41. 예수 이름 안에 있는 놀라운 은총 143
42. 보이는 것보다 보이지 않는 것이 중요하다. 147
43. 죄 사함이 모든 축복의 시작입니다. 150
44. 가장 치열한 전쟁은 우리 안에 있다. 153
45. 참된 사랑은 많이 아픈 것이다. 156
46. 은혜는 받는 것보다 보답이 더 중요하다. 159
47. 신앙생활은 영적인 보물찾기다. 161
48. 성령의 핵심 사역은 예수를 알게 하는 것이다. 164
49. 성령의 놀라운 특징 4가지 167
50. 성령이 가장 좋은 선물인 이유 171

1. 놀라운 축복의 비결, 하나님의 형상 회복

●창세기 1:27~28 하나님이 자기 형상 곧 하나님의 형상대로 사람을 창조하시되 남자와 여자를 창조하시고 하나님이 그들에게 복을 주시며 그들에게 이르시되 생육하고 번성하여 땅에 충만하라, 땅을 정복하라, 바다의 고기와 공중의 새와 땅에 움직이는 모든 생물을 다스리라 하시니라

하나님은 복의 근원이시므로 그 자녀들에게 풍성한 축복을 주시기 원하신다. 우리는 그 사실을 성경의 많은 말씀을 통하여 알 수 있는데 대표적인 말씀이 창세기1:28이다.

"하나님이 그들에게 복을 주시며 말씀하시기를 생육하고 번성하고 땅에 충만 하라. 땅을 정복하고 바다의 고기와 공중의 새와 땅에 움직이는 모든 생물을 다스리라 하시더라."

그런데 이 축복을 누리기 위하여 우리가 주목해야 할 말씀은 창세기 1:27이다.

"하나님이 자기 형상 곧 하나님의 형상대로 사람을 창조하시되 남자와 여자를 창조하시고"

이 말씀 속에는 이 세상 모든 피조물 중에서 가장 귀한 존재는 '인간'이며, 하나님이 약속 하신 놀라운 축복을 누리기 위해서는 먼저 '하나님의 형상'을 회복해야 한다는 내용이 들어 있다.

그러면 하나님의 형상(Image of God)의 의미는 무엇일까?

이 말은 '하나님의 성품을 닮은 존재'라는 의미로써 거룩하고 영적인 삶을 의미하며, 구체적으로 하나님을 사랑하고 하나님을 기쁘게 하며 하나님을 닮아 가

는 삶, 곧 하나님 자녀답게 사는 삶을 말한다. 그때 주님은 인간의 영혼에 사랑과 지혜, 소망과 능력을 주심으로써 세상을 다스리고 지배하는 삶을 살게 되는 것이다.

그러나 인류의 조상인 아담은 교만과 탐욕으로 하나님께 불순종하는 죄를 지음으로 주님과의 관계가 끊어지게 되었고, 모든 축복도 상실하게 되었는데 그 우울한 모습을 창세기5:3에서 찾아 볼 수 있다.

"아담이 130세에 자기 모양 곧 자기의 형상과 같은 아들을 낳았고"

아담은 인류 최초로 하나님의 형상대로 존귀한 모습으로 창조되었지만 하나님께 범죄 함으로 주님의 영광은 그를 떠나게 되었고, 그 결과 자식을 낳았으나 하나님의 형상을 상실한 채 타락한 아담의 형상을 따라 죄의 자녀를 낳게 된 것이다.

이제 어떻게 우리가 죄의 문제를 해결함으로써 잃어버린 하나님의 형상을 회복하는 복된 삶을 살아 갈 수 있을까? 성경은 그 비결을 이렇게 말씀하고 있다. "예수 그리스도 앞으로 나가라."

그 이유는 예수님이 바로 하나님의 형상이기 때문이다.

"그리스도는 하나님의 형상 이니라"(고후4:4)

따라서 이제 누구든지 예수 앞에 나가면 그 보혈의 은혜로 죄 사함을 받음으로 '잃어버린 하나님의 형상'을 회복하게 되고, 그 결과로 '잃어버린 에덴동산'을 회복하는 축복을 누리게 되는것이다.

그러나 우리가 기억해야 할 것은 처음 한번 십자가 앞에 나가서 하나님의 형상을 회복한다고 해서 하나님의 형상이 완전히 회복되는 것은 아니라는 사실이다.

성도들이 세상을 살다보면 여러 가지 죄와 허물로 인하여, 그 영혼에 새겨진 하나님의 형상이 더럽혀지기 때문이다.

그 사실을 갈라디아 4:19를 통하여 알 수 있다.

"나의 자녀들아, 너희 속에 그리스도의 형상이 이루어지기까지 다시 너희를 위하여 해산의 수고를 하노니"

이 말씀은 사도 바울이 갈라디아 교회 성도들에게 보낸 편지로써 그들은 성령체험도 했지만 믿음이 연약하여, 거짓 교사들이 들어와서 바울의 가르침을 비판할 때 분별하지 못함으로 신앙이 흔들렸던 까닭에, 지금 바울은 그들이 올바른 믿음을 회복하도록 권면하고 있다.

한 인간의 영혼 속에 하나님의 형상이 아름답게 새겨지는 것이 쉬운 일은 아니며, 그 귀한 은혜를 위하여는 자신의 노력뿐만 아니라 주위 사람들이 계속하여 사랑으로 기도하는 해산의 수고가 있어야 한다. 엄마 뱃속에서 태어난 아기가 하루아침에 성인이 될 수 없듯이 십자가 아래에서 구원받은 성도가 즉시 성숙한 믿음을 갖는 것은 아니다. 비록 영혼은 구원 받았지만 그 육체 속에 뿌리 깊은 죄성이 남아 있기에, 주님 앞에 거룩한 믿음으로 서기까지는 많은 시간과 애씀이 필요하기 때문이다.

중세 초기의 위대한 교부인 St.어거스틴은 젊은 시절에 많은 방황을 한다. 이단인 마니교에 빠지고 정욕에 빠져 19살에 사생아를 낳는다. 그러나 그의 뒤에는 사랑하는 아들의 영혼 속에 하나님의 형상이 새겨지기를 소원하며, 눈물로 기도하는 어머니 모니카가 있었기에, 주님께서는 육신의 어머니의 눈물을 기억하시고 놀랍게 응답하신다. 결국 어거스틴은 33살 때 주님 앞에 무릎을 꿇었고 평생 주님의 영광을 위하여 헌신하는 귀한 삶을 살게 된다.

우리는 그 사실을 어거스틴이 회심한 뒤에 모니카가 감격에 겨워 고백한 말을 통하여 알 수 있다.

"내 아들아 내가 이 세상에서 가장 바라던 소원이 이루어 졌구나. 그것은 내가 죽기 전에 네가 크리스천이 되는 것이었다. 이제 네가 하나님의 종이 된 것을 내 눈으로 봤으니 이 땅에서 더 이상 바랄 것이 무엇이 있겠느냐."

어거스틴 한 사람의 변화와 하나님의 형상 회복은 훗날 기독교에 큰 공헌을 하게 되었고 종교개혁가인 M.루터와 J.칼빈에게도 큰 영향을 미쳤기에 많은 학자들은 이렇게 말한다.

"사도 바울 이후 기독교의 진리를 St.어거스틴 이상으로 깨달은 사람은 세상에 없었다."

2. 구약 성경의 놀라운 축복, 이슬과 소나기

●창세기 27:28 하나님은 하늘의 이슬과 땅의 기름짐이며 풍성한 곡식과 포도주로 네게 주시기를 원하노라

구약 성경에는 하나님께서 이스라엘 백성에게 허락하신 많은 축복이 기록되어 있는데 특별히 주목할 단어는 '이슬'과 '소나기'다. 이스라엘은 사막이 국토의 60%를 차지함으로 한국과 비교하면 강우량이 매우 적지만, 그 부족한 분량을 하나님이 채워주심으로 1년 중 약 250일 내리는 이슬 덕분에 살아가기에는 부족함이 없다. 더욱이 때때로 내리는 축복의 소나기가 있기에 그들은 수천 년을 생존할 수 있었다.

그런데 성경이 말씀하는 이슬과 소나기의 참된 의미는 무엇일까?

1. 이슬

뜨거운 태양은 지중해의 수면을 뜨겁게 끓이고, 바닷물이 증발하며 생기는 수증기는 지중해에 떠있던 구름에 가득하게 된다. 그 구름을 서쪽에서 부는 바람이 동쪽의 이스라엘로 운반해주고, 밤이 되면 공기가 차가워지므로 수분이 이슬이 되어 복된 땅에 내렸다.

성경에는 이슬이라는 단어가 많이 기록되어 있는데 그 의미는 다양하다.

① 신령한 은혜를 의미한다.

"하나님은 하늘의 이슬이요"(창27:28)

이 말씀에는 하나님이 이슬로 사용되었다. "나의 말은 맺히는 이슬이요"(신32:20) 말씀과 이슬이 동의어로 사용되었다. "하늘의 보물인 이슬과"(신33:13) 이슬이 보물로 사용되었다.

② 고통속의 위로를 말한다.

"밤에 이슬이 진에 내릴 때"(민11:9)

성경에서 밤은 고통의 시간을 의미하지만, 주님은 그 고통 속에서 주의 백성을 이슬 같은 은혜로 위로하심으로 찬란한 아침을 맞이하게 하신다.

③ 풍성한 열매를 맺게 한다.

"내가 이스라엘에게 이슬과 같으리니……. 저가 백합화같이 피겠고 레바논의 백향목 같이 뿌리가 박힐 것이라"(호14:5)

몇 년전 국민일보에 이런 기상청 발표가 있었다.

'비가 1mm내리면 대한민국의 산과 들에 꽃피고 열매 맺는 경제 효과는 약 300억이 생긴다'고 ...... 그렇다면 비가 10mm(1Cm)만 내려도 약 3000억의 효과가 있는 것이다. 이 사실은 '영적인 비' 인 하나님의 은혜도 마찬가지다.

2. 소나기

광야가 많은 팔레스타인 지방에 소나기가 내리는 것은 큰 축복이다.성경에는 축복의 단비에 대한 말씀이 많이 기록되어 있다.

"내가 그들에게 복을 내리며 산 사면 모든 곳도 복되게 하며 때를 따라 비를 내리되 복된 장맛비를 내리리라"(겔34:26).

이 말씀에는 '복'이란 단어가 3번 기록되어 있는데, 그 복은 하늘에서 내리는 비를 말한다.

"내가 오늘날 너희에게 명하는 나의 명령을 너희가 청종하면 여호와께서 너희 땅에 이른 비, 늦은 비를 적당한 때에 내리시리니……"(신11:13~14)

과연 이른 비와 늦은 비는 무엇일까? 이른 비(early rain)는 '가을 비'로써 10월~11월에 내리고 밭의 경작과 파종을 가능하게 하는 축복의 단비이며, 늦은 비(later rain)는 '봄비'로써 3월~4월에 내리며 곡식을 풍성하게 하고 열매 맺히는 축복의 비를 말한다.

성경에는 물이란 단어가 약 660회 기록되어 있다.

이 사실은 물과 인간의 삶이 얼마나 밀접한 관계가 있는가를 알게 해주며 특히 광야가 많은 이스라엘에서의 물의 의미는 생명과 같다. 갓난아기의 몸은 99%가 물로 구성되어 있으며 태어난 뒤 평생 동안 약 3만 리터의 물을 마시며 살아간다. 사람의 몸 안에 있는 피는 90%가 물이며, 뇌는 80%가 물이고 육체의 살은 70%가 물이기에 사람은 여러 날 밥을 먹지 않아도 살 수 있지만 물을 먹지 않고는 살수가 없다.

하나님과 성도간의 영적 관계도 마찬가지다.

인간은 동물과 달리 영적 존재로 창조되었기에 영혼의 생명수인 성령의 은혜가 없이는 하나님과 교제 할 수도 없고, 만족한 삶도 살아갈 수 없으며 풍성한 열매도 맺을 수 없다. 그러므로 예수님은 이렇게 말씀하셨다.

"누구든지 목마른 자는 내게로 와서 마시라……. 그리하면 뱃속에서 생수의 강이 흘러나리라 하시니 이는 그를 믿는 자의 받을 성령을 말씀하신 것이라"(요7:37~39)

그런데 구약 시대의 이슬과 소나기는 오늘날 어디에 내리는 것일까?

구약시대는 농경시대였기에 이슬과 소나기가 이스라엘 백성들의 땅에 내렸다. 그러나 오늘날에는 성령의 모습으로 구원받는 성도들의 '영혼과 마음 밭'에 내려서 30배, 60배, 100배의 결실을 맺게 한다.

성경은 이 사실을 이사야 32:15에 기록하고 있다.

"마침내 위에서부터 성령을 우리에게 부어주시리니, 광야가 아름다운 밭이 되고 아름다운 밭은 푸른 나무가 우거진 숲이 되리라."

이 약속은 약 700년 뒤에 성령께서 마가의 다락방에 임하심으로 성취되었고, 주님의 약속대로 성령의 생명수가 흘러가는 많은 국가와 성도의 삶속에 풍성한 열매로 나타나고 있다.

"이 강물이 이르는 곳마다 번성하는 모든 생물이 살고 또 고기가 심히 많으리니 이 물이 흘러 들어 가므로 바닷물이 소성함을 얻겠고 이 강이 이르는 각처에 모든 것이 살 것이며"(겔 47:9)

3. 축복은 믿음의 분량대로 다가온다

●창세기 49:28 이들은 이스라엘의 십 이 지파라 이와 같이 그 아비가 그들에게 말하고 그들에게 축복하였으되 곧 그들 각인의 분량대로 축복하였더라

창세기 49장에는 야곱이 세상을 떠나기 전에 12아들을 축복하는 장면이 기록되어 있다. 놀라운 것은 야곱이 축복한 내용대로 아들들의 생애 속에 이루어졌고 그들의 후손인 이스라엘의 12지파의 삶속에도 성취된 것이다.

그러면 과연 성경적 축복의 특징은 무엇일까?

1. 하나님은 믿음의 분량대로 축복하신다.

창세기 49:28에는 이런 말씀이 기록되어 있다.

"그들 각자의 분량대로 축복 하였더라"

이 말씀에서 분량이라는 말은 그릇을 의미한다. 이 말씀을 통하여 많은 성도들의 관심은 축복에 있지만 주님의 관심은 축복보다는 그 축복을 담을 '믿음의 그릇'에 더욱 많음을 알 수 있다.

그러므로 지혜로운 성도는 신앙생활의 모든 관심을 축복보다는 하나님과의 관계에두기 때문에, 늘 자신의 믿음의 그릇을 준비하는 일에만 전념한다.

2. 그릇은 평생 동안 살아가는 나 자신의 모습이다.

오늘 말씀을 보면 야곱은 12아들을 축복할 때 자신의 감정으로 축복하지 않고 자기가 평생 동안 지켜본 아들들의 삶의 모습과 믿음의 분량대로 축복하는 것을 알 수 있다.

창세기 49장 전체를 살펴보면 12아들의 삶의 모습을 크게 두 가지로 구별할 수 있다.

(1) 큰 축복을 받은 아들들

① 유다

야곱의 넷째 아들로 그의 후손으로 다윗이 태어남으로써 12지파의 중심이 되고 이 계보에서 예수님이 탄생하는 영광도 누린다. 어떻게 유다는 놀라운 축복을 누리게 된 것일까?

창세기37장을 보면 요셉이 형들에게 죽임을 당하기 직전의 모습이 기록되어 있다. 이때 유다는 가만히 있지 않고 형들 앞에 나가서 "요셉을 죽이지 말자"고 만류하는데 그것은 형제 사랑이었고 아버지에 대한 효도였으며 하나님께는 생명을 존중하는 믿음의 행위였다.

또한 창세기 43장을 보면 애굽의 국무총리가 된 요셉이 동생 베냐민을 너무 보고 싶어서 애굽에 데려올 것을 요구한다. 이때 형들은 국무총리가 요셉인 것을 알지 못하므로 요셉이 베냐민을 죽이려 한다고 오해하게 되고 이 소식을 들은 아버지 야곱은 깊은 고민에 빠진다.

그때 유다가 나서서 **"내가 베냐민을 데리고 애굽에 갔다가 무사히 데려오겠다"**고 야곱에게 약속하므로 아버지를 안심시켜 드린다. 결국 야곱은 12아들 중에서 늘 장남 역할을 하는 유다를 크게 기뻐하였고 축복함으로써, 훗날 유다 지파는 12지파 중에서 '정치적 장자' 가 된다.

② 요셉

그는 야곱의 열한 번째 아들로써 하나님이 주신 꿈 때문에 형제들에게 미움을 받게 되고 몇 번의 죽을 고비를 만나지만, 주님의 은혜로 애굽의 국무총리가 된다. 이스라엘에 심한 기근이 오고 아버지와 형제들이 식량이 없어 고통을 받게 되자 그들을 애굽으로 초청하고 정성으로 효도 할뿐만 아니라 지난날 자기를 죽이려 했던 형들을 용서함으로써, 형제간의 우애를 회복시키고 아버지에게 효도를 한다. 야곱은 그 기쁨을 창세기 49:22에 이렇게 기록하고 있다.

"요셉은 샘 곁의 무성한 가지라 그 가지가 담을 넘었도다."

결국 이 축복과 예언대로 요셉은 12지파를 대표하는 '영적인 장자'(대상5:1~2)가 되었고 요셉의 두 아들인 에브라임과 므낫세가 두 지파를 얻음으로 하나님께서 장자에게 약속하신 갑절의 축복을 누리게 된다.

(2) 큰 책망을 받은 아들

야곱의 12아들 중 장남인 르우벤은 여러 번 중요한 상황 속에서 장자의 역할을 감당하지 못했고 더욱이 아버지의 첩을 간음하는 큰 죄를 지음으로 야곱의 가슴에 못을 박는다.(창35:22)

야곱은 그 일로 오랫동안 괴로워하다가 세상을 떠나기 전 르우벤을 책망한다.

'이 모든 말씀을 통하여 성경적인 축복에 대한 중요한 진리를 발견 할 수 있다.

① **하나님의 축복은** 장남으로 태어났느냐? 막내로 태어났느냐? 의 순서가 중요한 것이 아니라 얼마나 믿음으로 하나님을 기쁘게 하는 삶을 살아가느냐가 중요하다.

② **하나님의 축복은** 한두 번의 선행이나 믿음으로 다가오는 것이 아니라, 평생 동안 주님 앞에서 살아가는 모습이 바로 그 사람의 축복의 그릇인 것이다.

민수기 13장에는 가나안땅을 탐지한 12족장의 이름이 기록되어 있다.

그들은 모두다 그 땅을 보았고 그 땅이 기름진 것도 알았다. 그러나 10족장은 육신의 눈으로 그 땅을 보았기에 부정적인 말을 함으로 주님의 마음을 아프게 했지만, 두 족장인 여호수아와 갈렙은 믿음의 눈으로 그 땅을 보았기에 끝까지 긍정적적인 말을 하며 믿음을 지켰다. 결국 하나님이 '믿음과 그릇' 대로 축복하시므로 이스라엘 백성이 약속의 땅에 들어간 뒤, 여호수아가 속한 에브라임 지파는 북 이스라엘을 이끄는 지파가 되었고 갈렙이 이끈 유다 지파는 남 유다를 이끄는 지파가 되었다.

"유다 지파에서는 여분네의 아들 갈렙이요 잇사갈 지파에서는 요셉의 아들 이갈이요 에브라임 지파에서는 눈의 아들 호세아요"(민13:6~8)

4. 아브라함과 이삭과 야곱의 하나님

●출애굽기 3:4~8 … 하나님이 떨기나무 가운데서 그를 불러 가라사대 모세야 모세야 하시매 그가 가로되 내가 여기 있나이다 하나님이 가라사대 … 너의 선 곳은 거룩한 땅이니 네 발에서 신을 벗으라 또 이르시되 나는 … 아브라함의 하나님, 이삭의 하나님, 야곱의 하나님이니라 모세가 하나님 뵈옵기를 두려워하여 얼굴을 가리우매 여호와께서 가라사대 내가 애굽에 있는 내 백성의 고통을 정녕히 보고 그들이 그 간역자로 인하여 부르짖음을 듣고 그 우고를 알고 내가 내려와서 그들을 애굽인의 손에서 건져내고 그들을 그 땅에서 인도하여 … 젖과 꿀이 흐르는 땅 … 이르려 하노라

성경에 "하나님은 아브라함의 하나님, 이삭의 하나님, 야곱의 하나님"이라는 말씀이 여러 번 기록되어 있다.

이스라엘 백성들을 애굽에서 인도할 지도자로 모세를 세울 때에도 이 말씀을 하셨고 엘리야가 갈멜산에서 바알의 선지자들과 영적 전쟁을 하며 간절히 기도할 때도 이 고백을 하였으며, 예수님께서 부활을 묻는 사두개인들에게 이 말씀(마22:32)을 인용하며 대답하셨고, 스데반 집사가 순교하기 직전에 했던 설교에서도 이 말씀을 인용하였다.

"나는 네 조상의 하나님 즉 아브라함과 이삭과 야곱의 하나님이로라 하신대 모세가 무서워 감히 알아보지 못하더라"(행7:32)

그런데 이 말씀 속에는 어떤 의미가 숨어있기에, 이토록 성경에 반복되어 사용되고 있는 것일까? 특별히 중요한 3가지 의미가 있다.

1. 하나님은 살아계시다.

하나님은 아브라함의 시대에도 살아계셨고 이삭의 시대에도 살아계셨으며 야곱의 시대에도 살아계셨다. '아브라함과 이삭과 야곱의 하나님'이라는 말씀 속에는 하나님은 어느 시대에든지 살아 계셔서 주의 백성들을 생명의 길로 인도하신다는 의미가 내포되어 있다.

성경에 기록된 많은 사람 중에서 살아계신 하나님을 가장 많이 고백한 사람은 다윗이다.

"여호와는 살아계시니……. 나의 구원의 하나님을 높일 지어다"(시18:46)

왜 다윗은 살아계신 하나님을 그토록 고백하며 찬양하는 것일까?

그 이유는 자신의 삶속에 많은 고통이 다가왔지만 살아계신 하나님을 간절히 의지함으로 기적적인 구원의 은혜를 체험했기 때문이다. 특별히 시편 27:13의 고백은 다윗의 대표적인 간증의 내용으로써 감동적이다.

"내가 산자의 땅에 있음이여"

이 짧은 고백 속에는 평생을 전쟁터에서 싸우며 죽음의 고비를 많이 겪었지만, 자기가 죽지 않고 지금까지 살아있는 있는 이유는 하나님의 은총과 손길이 있었기 때문임을 인정하는 깊은 감사가 들어 있다.

2. 하나님은 축복을 주신다.

성경은 여러 곳에서 놀라운 축복을 말씀하고 있다.

"아브라함에게 육축과 금이 풍부하였더라(창13:2)

"이삭이 농사를 지어 100배나 얻었고, 여호와께서 복을 주시므로 창대하고 왕성하며 거부가 되었더라"(창26:12~13)

야곱이 고백 한다.

"내가 지팡이만 가지고 요단강을 건넜는데 지금은 두 떼의 짐승을 이루었나이다."
(창32:10)

우리가 그들의 삶을 살펴보면 이 풍성한 축복들은 우연히 얻은 것이 아니라 하나님의 뜻을 찾아가는 믿음의 길에서 겪은 많은 고난 뒤에 다가왔음을 알 수 있다.

아브라함은 순종을 배우는 과정에서 많은 시련을 만났고, 이삭은 짧은 시간이었지만 자신을 번제로 드리는 죽음의 골짜기를 지났으며, 야곱은 많은 인간적인 꾀와 수단 때문에 할아버지와 아버지보다 더욱 큰 고통을 겪어야 했다. 이 모든 사실을 통하여 한 가지 진리를 발견 할 수 있다. 하나님은 주의 자녀들에게 풍성한 축복을 약속하시지만 그 복을 얻기 위해서는 반드시 고난의 과정이 필요하다는 것을…….

3. 하나님은 1:1로 찾아오신다.

성경을 자세히 보면 하나님께서 아브라함과 이삭과 야곱의 생애를 인도하시는 모습이 각각 다른 것을 발견할 수 있다. 주님은 한분이신데 왜 세 사람을 인도하는 하나님의 모습은 서로 다른 것일까? 그들을 향한 주님의 뜻과 계획이 다르고, 그들의 개성과 사명도 다르기 때문이다. 결국 하나님은 성도 한사람 한 사람을 1:1로 만나주시고 이끌어주시는 '인격적인 하나님'이심을 알 수 있으며, 바로 여기에 모든 성도들이 주님께 1:1로 다가가야 하는 이유가 있는 것이다.

성경에는 하나님의 살아계심이 여러 가지 모습으로 기록되어 있는데 나는 특별히 출애굽기 3:7~8을 좋아한다. 이 말씀은 하나님께서 모세에게 출애굽의 사명을 맡기면서 하나님의 계획을 짧게 설명하시는 내용이다. 이 말씀 안에는 살아계신 하나님의 손길이 분명하게 기록되어 있다. 우리는 그 사실을 오늘 말씀

속에 들어있는 7가지 단어를 통하여 쉽게 알 수 있다.

①보고 ②듣고 ③알고 ④내려가서 ⑤건져내고 ⑥인도하여 ⑦데려가려 하노라.

그런데 오늘날 성도들이 어떻게 살아계신 하나님과 동행하여 승리와 축복의 삶을 살아 갈 수 있을까? 그 비결은 간단하다. 곧 '살아있는 믿음'을 갖는 것이다. 왜냐하면, 살아계신 하나님은 오직 살아있는 믿음을 가진 성도의 삶속에만 역사하기 때문이다.

5. 가장 놀라운 은총 하나님과의 만남

●출애굽기 25:22 거기서 내가 너와 만나고 속죄소 위 곧 증거궤 위에 있는 두 그룹 사이에서 내가 이스라엘 자손을 위하여 네게 명할 모든 일을 네게 이르리라

성경에는 놀라운 사건들이 많이 기록되어 있는데 그중에서 가장 중요한 것은 '인간과 하나님의 만남' 이다. 야곱이 장자의 명분을 뺏은 뒤 외삼촌 집으로 도망가기 전 그 외로운 밤을 이길 수 있었던 것은 꿈속에 찾아오신 하나님과의 만남 때문이며, 모세가 애굽의 왕자에서 광야의 목동이 되어 40년 동안 외롭게 살다가 위대한 출애굽의 사명을 받고 새 출발 할 수 있었던 것도 떨기나무 불꽃 속에 찾아오신 하나님과의 만남이 있었기 때문이었다.

이 위대한 만남은 신약 시대에는 갈릴리 바닷가에서의 베드로와 예수님의 만남으로 이어지고, 다메섹도상에서의 바울과 부활하신 예수님과의 극적 만남으로 계속된다. 그 거룩한 만남이 절망과 고통 속에 있던 사람들에게 어떤 감격과 변화를 주었는가는 사복음서에 생생하게 기록되어 있다. 그 놀라운 만남이 있었기에 그 당시 세상에서 가장 불쌍했던 사람들이, 순식간에 세상에서 가장 행복한 사람이 될 수 있었다.

성경을 보면 하나님은 오래전부터 주님의 백성들과 거룩한 만남을 갖기 원하신 것을 알 수 있다. 그 증거가 구약 시대의 만남의 장소였던 '성막'이였다.

"거기서 내가 너와 만나고 속죄소 위 곧 증거궤 위에 있는 두 천사 사이에서 내가 이스라엘을 위하여 네게 명할 모든 일을 네게 이르리라"(출25:22)

이 말씀은 하나님께서 이스라엘의 중보자인 모세에게 하신 말씀인 동시에 이스라엘 백성 전체를 향하여 말씀하신 내용이다.

이스라엘 백성들은 어떻게 하나님을 만날 수 있었을까?

그 비밀이 성막의 구조 속에 숨어있다.

①먼저 번제단을 지나고 ②물두멍에 손과 발을 씻어야 하며 ③등대를 지나고 ④떡상을 지난 뒤 ⑤분향단에 무릎을 꿇어야 한다.

이 다섯 가지 과정은 오늘날 ①옛사람을 죽이고 ②늘 회개하기에 힘쓰며 ③성령의 도움을 구하고 ④말씀을 깨닫고 순종하기에 힘쓰며 ⑤간절히 기도할 것을 의미하는데, 그 모든 과정을 한마디로 요약하면 철저한 회개와 엎드림이다.

그 이유는 인간이 하나님을 떠난 것이 '죄'였기 때문에 허물 많은 인간이 거룩하신 하나님을 만나기 위하여 필요한 것도 죄 사함이기 때문이다.

물론, 구약시대의 하나님과의 만남은 이스라엘 백성을 대표하는 대제사장을 통하여 이루어 졌지만 예수님이 십자가에 죽으심으로 모든 인간의 영적인 대제사장이 되셨기에, 오늘날 모든 성도는 그 공로를 의지하여 하나님 앞에 담대히 나갈 수 있는 것이다.

마태복음 8:1-3에는 예수님과 한 문둥병자의 극적인 만남이 기록되어 있다.

주님은 산상보훈을 마치신 뒤 산에서 내려오시고, 문둥병자는 온몸이 문드러진 채 주님께로 올라간다. 점점 거리가 가까워져서 예수님 앞에 이르렀을 때 문둥병자는 무릎을 꿇고 이렇게 말한다.

"주여 원하시면 저를 깨끗하게 하실 수 있나이다."

그때 예수님은 짧게 대답하신다.

"내가 원하노니 깨끗함을 받으라"

성경은 그 결과를 이렇게 기록하고 있다.

"즉시 문둥병이 깨끗하여 졌더라"

이 사건은 매우 짧은 내용이기에 많은 성도들이 주목하지 않지만 사실은 그렇지 않다. 왜냐하면 이 사건 속에는 그 후에 다가올 예수님의 모든 기적의 핵심이 들어있기 때문이다. 산에서 내려오시는 예수님은 시내 산에서 십계명을 허락하신 하나님을 의미하며, 문둥병자는 이 땅에서 고통당하는 모든 인간을 의미한다. 그런즉 우리의 삶속에 큰 고통이 다가올 때 마치 문둥병자처럼 겸손함과 간절함으로 예수님 앞에 나가기만 하면 거룩한 만남과 놀라운 기적을 체험하게 된다.

하나님은 부족한 나를 사랑하셨고 부르셨지만 나는 그 당시 젊었고 세상을 사랑했기에 주님을 거부했다.

나는 큰 교통사고를 당하게 되었고 1년 동안 병원 생활을 하며 삶과 죽음의 갈림길에서 '신의존재'를 깊이 생각하게 되었다. 수술 10번, 주사 600대, 금식 30일……. 그러나 죽지 않고 살아서 퇴원 할 수 있었던 것은 하나님의 끝없는 사랑 때문이었다.

그러나 나는 계속 주님께 무릎을 꿇지 않았기에 결국 주님은 마지막 방법을 택하셨다. 내 몸에 이상한 현상이 생긴 것이다. 배수술만 두 번했는데 수술 부위 깊은 곳에 있던 인조 실밥들이 녹아야 정상이었지만 녹지를 않고서 1년 넘도록 여러 곳에서 염증을 일으켰다.

이 증세는 주님이 나를 깨뜨리기 위하여 주신 징계의 가시였기에 현대 의학이 고칠수는 없었다. 치료 불가능의 진단을 받고 퇴원한 내가 할 수 있었던 것은 절망뿐이었다. 6개월을 고민하다가 해결 방법은 하나님께 나가는 것 뿐이였기에 오산리 기도원에 올라가게 되었고 첫날 저녁예배 시간에 큰 은혜를 받았는데, 왜 그렇게 눈물이 쏟아지던지… 예배 도중에 통곡을 하며 주님 앞에 엎드렸고, 몇 시간 동안 울다가 지쳐 깊은 잠에 빠졌다.

그날 밤 새벽에 하나님이 나를 찾아오셨다.

처음에는 '부드러운 손길'로 잠든 나를 깨우시고 그 다음에는 '하늘의 밝은 빛'으로 내 주변과 내 몸을 비추시고 마지막에는 '분명하고 맑은 음성'이 하늘에서 들려왔다. "네 믿음대로 될지어다!"

그 당시 내게 믿음이 없었기에 그것이 무슨 뜻인지 알수는 없었지만, 내 인생에 어떤 놀라운 일이 일어난 것을 직감할 수 있었다. 그러나 완전히 잠이 깬 상태가 아니 였기에, 이것이 꿈인가? 생시인가? 를 확인하기 위하여 손가락으로 통증이 가장 심했던 몇 군데를 눌러봤지만 1년 반 동안 진저리나게 괴롭혔던 통증은 사라지고 없었다. 말로만 듣던 ' 하나님의 손'이 나를 만져주신 것이다.

나는 너무나 놀라서 그 자리에 무릎을 꿇었고, 이 말밖에는 아무 말도 할 수가 없었다.

"주여… 저를… 이토록… 사랑하셨습니까?"

그날의 감동은 벌써 40년이 지났건만 어제 일같이 지금도 생생하다.

그 뜨거운 만남이 있었기에 나처럼 부족한 사람이 주의 종이 되어 30년 넘도록 충성할 수 있었다.

"마음이 청결한 자는 복이 있나니 저희가 하나님을 볼 것이요"(마5:8)

6. 하나님은 성도를 보석으로 여기신다.

●출애굽기 28:15~21 너는 판결 흉패를 에봇 짜는 법으로 금실과 청색 자색 홍색실과 가늘게 꼰 베실로 공교히 짜서 만들되 … 네 줄로 보석을 물리되 … 이 보석들은 이스라엘 아들들의 이름대로 열 둘이라 매 보석에 열 두 지파의 한 이름씩 인을 새기는 법으로 새기고"

구원받은 성도는 하나님께 어떤 존재일까? 주님께서 성도를 부르시는 호칭을 통하여 알 수 있다.

나의 아들, 나의 군대, 나의 신부……. 또 하나 숨어있는 명칭이 '보석'이다.

출애굽기28:15-21 말씀은 구약시대에 하나님과 이스라엘 백성 사이에서 중보자 였던 대제사장의 복장중의 하나인 흉패에 대한 기록이다. 이것은 가슴에 붙이는 사각형의 패로써 그 위에 12개의 보석이 3개씩 4줄로 달려있다. 에메랄드, 사파이어, 토파즈, 다이아몬드……. 이 보석들은 무엇을 의미할까? 그 해답이 출애굽기28:21에 있다.

"이 보석들은 이스라엘의 아들들의 이름대로 열둘이라 각각의 보석에 열두지파의 한 이름씩 도장을 새기듯이 새기고"

우리는 이 12보석이 이스라엘의 12지파를 의미하는 동시에 이스라엘 민족 전체를 의미함을 알 수 있다.

그런데 구약 성경에 기록된 대제사장은 신약 시대에는 누구를 말하는 것일까?그 해답이 히브리서3:1에 있다.

"대제사장인 예수를 깊이 생각하라."

구약 시대에 대제사장이 이스라엘 백성 전체를 상징하는 흉패를 가슴에 안고 하나님께 나간 것이 사랑 이였듯이, 예수께서 인류의 죄를 가슴에 품고서 십자가에서 죽으신 것도 놀라운 사랑이었다.

젊은 엄마에게 아기의 존재는 이 세상에서 가장 귀한 존재다. 사랑의 열매이기도 하지만 큰 고통을 지불하고 얻은 귀한 생명이기 때문이다. 마찬가지로 이 땅위의 모든 성도는 남녀노소 빈부귀천을 막론하고 예수님의 피 값으로 산 생명이기에 세상에서 가장 귀한 보석인 것이다.

성경에는 주님께서 그 자녀들을 보석으로 부르신 말씀이 여러 곳에 기록되어 있는데 대표적인 말씀이 스가랴 9:16이다.

"이날에 하나님께서 그들을 양떼같이 구원하시리니 그들이 면류관의 보석같이 여호와의 땅에서 빛나리로다"(슥9:16)

시편 92:12-13에는 귀한 말씀이 기록되어 있다.

"의인은 종려나무같이 번성하며 레바논의 백향목 같이 발육하리로다. 하나님의 집에 심겼음 이여 하나님의 궁전에서 흥왕하리로다."

이 말씀은 의인으로 선택받은 성도의 축복이 얼마나 귀한 것 인가를 한 그루의 나무로 묘사하고 있는데, 주목할 것은 이 나무가 하나님의 집인 성전에 심겨졌다는 사실이다.

이 나무는 원래 어디에서 자라던 나무인가?

우리는 시편80:8을 통하여 추측할 수 있다. **"주께서 한 포도나무를 애굽에서 가져다가 열방을 쫓아내고 심으셨나이다."**

이 말씀은 하나님께서 200만 명이 넘는 이스라엘 민족을 애굽에서 건지시고 젖과 꿀이 흐르는 땅으로 인도하신 출애굽 사건을 마치 한그루의 나무를 광야에서 뽑은 뒤에 기름지고 복된 땅에 심은 것으로 묘사하고 있다. 그런데 놀라운 것은 그 포도나무가 광야에서 자란 탓에 영양분도 섭취하지 못하고 볼품이 없음에도 불구하고 주님께서 '극상품 포도나무'로 부르셨다는 것이다.

"땅을 파서 돌을 제하고 극상품 포도나무를 심었도다"(사5:2)

그 이유는 하나님께서 앞으로 빛과 물과 영양을 공급하심으로 풍성한 열매를 맺게 하실 것이기 때문이다. 결국 우리는 '보석 이야기'와 '한그루 나무 이야기'와 '극상품 포도나무 이야기'가 모두 같은 내용인 것을 알 수 있다.

높은 산 깊은 계곡에 한 그루 작은 나무가 자라고 있었다.

어느 날 귀한 분이 그곳을 지나가다가 나무를 발견한 뒤 왕궁에 옮겨 심었다.

그때부터 이 나무는 세상에서 가장 외로운 나무에서 세상에서 가장 행복한 나무로 신분이 바뀌게 되는 것이다. 이 꿈같은 이야기는 성경에 많이 기록되어 있다.

노예에서 국무총리가 된 요셉, 바벨론에 끌려갔지만 페르시아의 왕비가 된 에스더, 어부였다가 수제자가 된 베드로…….

중요한 것은 이 놀라운 이야기들이 오늘날 구원받은 모든 성도의 이야기라는 사실이다.

7. 광야를 통과하는 비결 3가지

●출애굽기 40:36~38 구름이 성막 위에서 떠오를 때에는 이스라엘 자손이 그 모든 행하는 길에 앞으로 발행하였고 구름이 떠오르지 않을 때에는 떠오르는 날까지 발행하지 아니하였으며 낮에는 여호와의 구름이 성막 위에 있고 밤에는 불이 그 구름 가운데 있음을 이스라엘의 온 족속이 그 모든 행하는 길에서 친히 보았더라

하나님은 이스라엘 백성을 사랑하셔서 약속의 땅을 선물로 주셨다. 그 땅은 하나님께서 항상 눈을 떼지 않고 보살펴주시는 땅이다.

"네 하나님 여호와께서 권고하시는 땅이라 세초부터 세말까지 네 하나님 여호와의 눈이 항상 그 위에 있느니라"(신11:12)

그 약속은 처음에는 아브라함에게 다가왔고, 모세가 인도한 출애굽 사건으로 구체화 되었으며, 여호수아가 7년 동안의 가나안 정복전쟁에서 승리함으로 성취되었다(수21:43~45).

약속의 땅은 고향 갈대아우르(바벨론의 남쪽)를 떠난 뒤, 오랫동안 유랑생활을 하던 아브라함과 그 자손들에게 삶의 목표요 꿈 자체였다. 이 약속은 아브라함 이후 약 700년 만에 성취되었는데, 그것은 하나님의 사랑과 신실하심의 증명 이였다.

그런데 우리가 깊이 생각해보면 애굽에서 구원받은 이스라엘 백성들 앞에 놓여있는 땅은 약속의 땅 하나만은 아니였다. 왜냐하면 그 땅에 들어가려면 먼저 통과해야하는 땅이 있었기 때문이다. 그 땅이 바로 '광야'였는데 사람이 살기 어려운 삭막한 땅 이였다.

왜 하나님은 그들을 애굽에서 구원하신 뒤에 곧바로 약속의 땅으로 인도하지

않고서, 먼저 광야를 통과하게 하신 것일까? 거기에는 이유가 있었다.

①오랜 세월 애굽에서 노예생활하면서 몸에 밴 부정적인 사고방식과 믿음의 연약함을 버리고, 축복의 땅에 들어가기에 합당한 믿음의 그릇을 만들기 위함이었고. ②약속의 땅에는 원주민 7족속이 살고 있었는데, 그들과 싸워서 이기기 위하여는 강한 훈련이 필요했다. 우리는 이 사실을 통하여 이스라엘 백성들의 광야 훈련 속에는 고난 뒤에 영광을 누리는 '십자가의 길'이 숨어 있는 것을 알 수 있다.

그러면 이스라엘 백성들이 광야를 통과할 수 있었던 비결은 무엇일까?

① **십계명**(출20:1~17)

주님께서 세상 만민 중에 이스라엘 백성에게만 허락하신 축복으로써 그 핵심은 순종할 때 축복이 다가온다는 것이였다. 이 생명의 말씀은 그들에게 '영혼의 양식'이며 '진리의 등대'였다.

② **성막**(출25:1~22)

주님이 모세에게 건축을 명령하신 '움직이는 성전'으로써 하나님이 광야 세월 동안 머무르셨던 집이다.그들은 이곳에서 제사를 통하여 경외함을 배웠고, 주님과 교제하는 영광도 누렸다.

③ **불기둥, 구름기둥**(출40:33~38)

모세와 이스라엘 백성이 성막 건축을 마치자, 하나님은 그 성막에 임재 하셨고, 드디어 광야 행진은 시작되었다. 길도 없는 넓은 광야에서 그들은 불기둥, 구름기둥으로 인도하시는 주님을 따라가면서 점차 중요한 사실을 깨닫게 된다.

곧 광야 같은 이 세상을 이기는 힘은 인간에게서 나오는 것이 아니라 하나님에게서 나오며 결국 우리의 삶의 주인은 나 자신이 아니라 하나님이시라는 진리를…….

"광야에서도 너희가 경험하였거니와 아버지가 아들을 안고 걷듯이 하나님이 너희를 안고 이곳까지 이르게 하셨느니라" (신1:31)

성경을 자세히 보면 하나님은 출애굽 사건을 앞두고 이스라엘 백성들을 두 가지 호칭으로 부르셨다.

'나의 아들'과 '하나님의 군대'였다. 왜 하나님은 비슷한 시기에 전혀 다른 이름으로 그들을 부르셨을까?

① 나의 아들(출4:22)

애굽에서 노예생활 하다가 급히 탈출한 초라한 모습의 그들을 이렇게 부르는 호칭 속에는 "너희는 더 이상 노예가 아니며, 이제부터 너희의 삶을 내가 책임진다."는 의미가 들어 있다. 우리는 이 말씀 속에서 돌아온 탕자를 품에 안는 아버지의 끝없는 사랑을 발견할 수 있다.

② 하나님의 군대(출12:41)

이 말씀 속에는 하나님이 총사령관이 되셔서 광야를 영적인 훈련소로 삼고 앞으로 40년 동안 특수 훈련을 시키겠다는 계획과 가나안 7족속과의 전쟁에서 반드시 승리하고 축복의 땅에 들어감으로 하나님의 약속을 이루시겠다는 각오가 들어있는데, 이 모든일속에는 주님의 사랑이 가득히 들어있다.

8. 정성 있는 예배만 향기로 받으신다.

●레위기 1:5~9 그는 여호와 앞에서 그 수송아지를 잡을 것이요 아론의 자손 제사장들은 그 피를 가져다가 회막 문앞 단 사면에 뿌릴 것이며 … 아론의 자손 제사장들은 그 뜬 각과 머리와 기름을 단 윗 불 위에 있는 나무에 벌여 놓을것이며 그 내장과 정갱이를 물로 씻을 것이요 제사장은 그 전부를 단 위에 불살라 번제를 삼을찌니 이는 화제라 여호와께 향기로운 냄새니라

인간이 타락한 이후 하나님을 만날 수 있는 방법은 한 가지 밖에 없었다. 그것은 인간의 죄를 대속하는 '속죄의 피'가 있는 제사뿐 이였는데, 그 제사가 신약 시대에는 예수님의 십자가 공로로 예배의 모습으로 바뀌게 된 것이다.

성경을 보면 주님이 가장 기뻐하시는 것은 예배인데, 그 예배도 주님이 기뻐하시는 예배와 책망 하시는 예배가 있었다.

① 하나님이 기뻐하지 않는 예배

이스라엘의 초대 왕인 사울은 하나님께 제사를 드렸지만 이스라엘 백성들이 광야를 통과할 때 전쟁을 일으켰던 아말렉 족속을 모두 멸하라는 명령에 순종하지 않았기에, 주님은 그 예배를 받지 않으셨고 왕위는 다윗에게 넘어가게 되었다.

이스라엘 백성들의 영적 타락은 항상 우상 숭배로 나타났으며, 그 특징은 예배에 대한 무관심과 소홀함에 있었다.

"소는 임자를 알고 나귀도 주인을 아는데, 이스라엘 백성들은 그것을 깨닫지 못하는구나 ……. 그들이 하나님을 버리고 거룩하신 자를 우습게 여겼도다 ……. 너

희의 많은 제물이 나에게 무슨 유익이 있느냐 헛된 제물을 가져오지 마라. 제물의 타는 냄새도 이제 구역질이 나는구나. 나는 더 이상 견딜 수가 없다"(사1:3~13)

결국 이스라엘 백성은 주님께 징계를 받고 바벨론에 포로로 끌려가는데 그 고통의 원인은 하나님의 뜻을 깨닫지 못하는 '무지'와 예배의 정성을 다하지 않는 '무성의'때문이였다.

② 하나님이 기뻐하시는 예배

레위기 1장을 보면 번제의 모습이 기록되어 있다.

번제는 이스라엘 백성들이 드리는 제사의 종류 5가지 중의 하나로써 짐승을 죽여서 여러 조각으로 자른 뒤에 가죽을 제외한 모든 제물을 불에 태워 주님께 드리는 제사다. 번제라는 말은 '전부'라는 말과 '태운다'는 말의 합성어로 구약 성경에 무려 586회 기록 된 것을 통하여 이 단어가 얼마나 중요한가를 알 수 있다. 많은 짐승을 죽였기에 울음소리가 적지 않았고 제물을 불태우는 냄새는 코를 찔렀으며 피비린내까지 진동했기에 전체적으로 어지러운 분위기였다. 그러나 놀라운 것은 하나님께서 그 모습을 바라보는 눈이다.

레위기 1장안에 3번이나 반복하여 이렇게 말씀하셨기 때문이다.

"여호와께 향기로운 냄새니라"

이 말씀을 통하여 이스라엘 백성들이 제사를 드릴 때 주님의 관심은 결코 짐승의 울음소리나 피비린내 같은 외적인 것에 있는 것이 아니라, 오직 한 가지 제사 드리는 사람의 정성 곧 하나님을 진심으로 사랑하느냐? 아니냐? 의 내적인 것에만 집중되어 있음을 깨닫게 된다.

오늘날 모든 성도들에게도 마찬가지이다.

우리 주위에는 예수를 믿지만 죄에 빠진 모습으로 주님께 예배드리러 나오는 성도들이 많다. 주님은 그 사실을 알고 계시지만 크게 책망 하지는 않으신다. 인간의 연약함을 아시며 언젠가 변화될 것을 믿으시기 때문이다. 그런데 놀라운 것은 그런 성도가 어느 날 진심으로 죄를 회개하며 예배에 참석하면 주님은 그 즉시 지난날의 모든 냄새나는 과거를 덮어주시고 새로운 삶을 기대하시며 향기로 받아주신다는 것이다. 이 넉넉한 사랑과 용서가 있기에 성도들은 주님께 힘차게 나갈 수 있다.

그러면 우리가 예배를 드릴 때 어떤 제물을 드려야 할까?

① 반드시 '생축'을 드려야 한다.

"여호와께 예물을 드리려거든 생축 중에서 소나 양으로"(레1:2)

생축이라는 말에는 두 가지 의미가 있다. 야생 동물이 아니라 가축이여야 하는데 이것은 온순함을 의미한다. 또한 반드시 살아있는 짐승이어야 한다. 핏속에 생명이 들어있기 때문이다. 이 말씀을 통하여 구약 제사의 핵심은 '피'에 있으며, 번제로 드려지는 생축은 신약시대에는 십자가에 죽으신 예수님을 상징함을 알 수 있다.

② 제물의 종류는 4가지였다.

소(3절)와 양(10절)과 염소(10절)와 비둘기(14절)였다.

이렇게 제물이 다양한 이유는 무엇일까? 각자의 생활형편에 따라 자유롭게 제물을 선택 할 수 있도록 주님께서 배려하신 것으로 이 말씀 속에는 가난한 사람들을 불쌍히 여기시는 하나님의 크신 사랑이 들어 있다. 가난한 성도들은 비록 주님을 사랑하지만 소나 양을 살 돈이 없으므로 예배드리러 나올 때 마음이 무거울 수밖에 없다.

그러나 하나님은 쉽게 구할 수 있는 '비둘기'를 드려도 똑같이 기뻐 받아주심으로써 모든 성도들이 동일한 기쁨으로 예배드릴 수 있도록 축복의 문을 활짝 열어주셨다.

9. 인간의 열심과 신앙의 성숙은 다르다

●민수기 1:1~3 이스라엘 자손이 애굽 땅에서 나온 후 제 이년 이월 일일에 여호와께서 시내 광야 회막에서 모세에게 일러 가라사대 … 이스라엘 중 이십세 이상으로 싸움에 나갈만한 모든 자를 너와 아론은 그 군대대로 계수하되

●민수기 4:2~3 레위 자손 중에서 고핫 자손을 그들의 가족과 종족을 따라 총계할찌니 곧 삼십세 이상으로 오십세까지 회막의 일을 하기 위하여 그 역사에 참가할만한 모든 자를 계수하라

민수기 1:1~3에는 이런 말씀이 기록되어 있다.

"너희는 이스라엘의 모든 남자의 숫자를 종족으로 계수할지니, 20세 이상으로 싸움에 나갈만한 모든 사람을 계수하라"

이 말씀은 이스라엘 백성들이 애굽에서 나온 후 약 1년 뒤에 하나님께서 ①광야에서의 질서 있는 행진 훈련과 ②가나안 족속과의 전쟁을 수행할 군인을 뽑기 위하여 모세에게 명령한 내용으로 인구조사의 대상은 20살 이상의 남자였다.

그런데 민수기 4:2~3에는 전혀 다른 내용의 인구조사가 기록되어 있다.

"레위 자손 중에서 고핫자손을 계수할지니 곧 30세 이상으로 50세까지 회막의 일을 하기 위하여 그 일에 참여할 만한 모든 자를 계수하라."

이 말은 12지파중 하나인 레위 지파의 남자 중에서 회막, 곧 하나님의 집인 성막에서 봉사할 일꾼의 숫자를 계수하라는 명령으로, 30살 이상 50살까지의 남자였다.

그런데 왜 하나님은 같은 민수기 안에서 전혀 다른 인구조사의 명령을 내린

것일까? '전쟁에 나갈 남자'와 '성막에서 봉사할 남자'의 달란트가 전혀 다르기 때문이었다. 이스라엘은 지리적으로 강대국 사이에 위치했기에 역사적으로 주변의 많은 국가들과 전쟁을 치렀다. 더욱이 그들이 앞으로 들어갈 약속의 땅에는 가나안 7족속이 살고 있었기 때문에 그 땅을 얻기 위해서는 젊고 힘이 넘치는 20살 이상의 남자들이 필요했다. 그러나 성막 봉사는 전쟁터에 나가는 것과는 전혀 다른 일이며, 주님을 경배하고 섬기는 일에는 겸손과 인내 등의 성숙한 믿음이 필요했기에 30살 이상 50살까지의 남자를 선택하신 것이다.

민수기 4장을 보면 성막 봉사는 3가지 역할로 나눠 담당했다.

①고핫 자손은 '성막안의 모든 기구들', 곧 법궤와 진설병과 등대 및 번제단을 직접 어깨에 메고 운반했으며, ②게르손 자손은 '모든 휘장과 천막'을 소와 수레로 운반했고, ③므라리 자손은 '성막과 기둥과 받침'을 소와 수레로 운반했다.

주님께서 이렇게 성막 봉사를 역할 분담시킨 이유는 일의 능률을 높이려는 목적도 있었지만 또 하나는 자기의 할 일을 분명히 깨닫고 책임감 있게 일하게 하기 위함이었다. 전쟁은 육체의 힘과 혈기만 있어도 감당할 수 있지만, 성막의 봉사는 힘으로만 되는 것이 아니라, 영적인 능력인 '경외함'이 필요하기에 너무 젊으면 경험이 없어서 실수가 많고, 너무 늙으면 힘이 없기 때문에 주님께서는 젊지도 않고 늙지도 않은 30살~50살로 정하신 것이다.

이 사실은 오늘날 교회 봉사도 마찬가지다.

봉사는 주님의 은혜가 감사하여 시작되지만, 주님을 섬기는 일은 기쁜 일만 있는 것이 아니라, 때로는 괴로운 일도 많다. 더욱이 교회는 이 땅위의 천국이기에 세상의 죄악과 악한 영의 공격을 받을 때도 있기에 오늘날 많은 교회는 일꾼을 세울 때 연령을 제한하거나, 성령 충만의 여부를 자격으로 요구하는 것이다.

그런데 주님께서 성막 봉사의 연령을 30살~50살로 정하신 이유는 무엇일까?

① **하나님 앞에서 봉사하는 것이** 세상에서 가장 귀한일 인 것을 알게 하기 위함이다.

어느 시대나 이 나이에 속한 사람들은 국가나 사회의 중심이 되며 가장 바쁘게 사는 사람들이다.직장도 다녀야 하고, 자식을 낳고, 교육도 시켜야 하며, 부모에게 효도하고 내일의 행복을 위하여 열심히 땀을 흘릴 때다.

그러므로 많은 사람들은 젊을 때는 자기가 원하는 일을 하고 늙은 다음에 봉사하려고 한다. 물론 교회 봉사는 늙어도 할 수 있지만, 주님이 정말 원하시는 것은 젊은 나이에 주님께 힘써 헌신하는 것이며, 그때 주님은 그 수고를 기억하시고 그 삶을 복된 길로 인도 하신다.

② **가장 바쁜 젊은 시절에** 귀한 시간을 쪼개어 봉사하는 그 마음을 주님은 귀하게 여긴다.

교회 봉사는 할 일없는 사람들이 소일꺼리로 하는 것이 아니며 시간이 남아도는 사람들이 여가로 하는 일이 아니다.

예수님의 십자가 공로로 구원받은 성도들이 '생명'으로 받은 은혜를 '땀'으로 보답하는 귀중한 일이기 때문이다.

주님은 모든 성도의 헌신을 기뻐하시지만 특히 많은 일로 바쁜 시간을 보내는 성도들의 정성어린 헌신을 더욱 기뻐하신다.

인생에서 가장 귀한 시간을 드리는 것이 그 어떤 보물을 드리는 것보다도 귀한, 마치 옥합을 깨뜨려 향유를 붓는 것처럼 귀한 일이기 때문이다.

10. 하나님의 축복을 담는 그릇, 경외함

●신명기 6:2~5 곧 너와 네 아들과 네 손자로 평생에 네 하나님 여호와를 경외하며 내가 너희에게 명한 그 모든 규례와 명령을 지키게 하기 위한 것이며 … 그리하면 … 젖과 꿀이 흐르는 땅에서 너의 수효가 심히 번성하리라 … 너는 마음을 다하고 성품을 다하고 힘을 다하여 네 하나님 여호와를 사랑하라

성경에는 성도를 향한 하나님의 풍성한 축복이 약속되어 있는데 그 복을 누리는 비결은 다양하다. 예배, 기도, 회개, 감사, 인내, 소망, 충성… 하나님을 기쁘시게 하는 이 모든 믿음을 요약하면 바로 경외함이다.

성경에 경외함이라는 단어가 처음 기록된 것은 창22:12이다.

"내가 이제야 네가 하나님을 경외 하는 줄을 아노라"

어느 날 하나님께서 아브라함에게 아들 이삭을 바치라 명령한다. 깊은 고민에 빠지게 되지만, 믿음으로 순종하게 되고 주님이 크게 감동하시며 하신 말씀이 오늘 내용이다.

아브라함은 경외하는 믿음이 있었기에 아들을 바쳤고, 그 결과 여호와이레의 축복을 누리게 되었으므로, 우리는 경외함이 바로 놀라운 축복을 담는 '믿음의 그릇'임을 알 수 있다.

성경을 보면 하나님께 큰 축복을 받거나, 크게 쓰임 받은 사람들의 특징은 경외하는 믿음이다. 성경에는 경외함이란 단어가 약 160회 기록되어 있는데 특히 많은 말씀 속에는 '경외'란 단어와 '축복'이란 단어가 밀접한 관계로 기록된 것을 통하여 경외함이 축복의 비결임을 알 수 있다.

"높은 사람이나 낮은 사람을 가리지 않고 여호와는 경외하는 자에게 복을 주시리로다"(시115:13)

"겸손과 여호와를 경외함의 보답은 재물과 영광과 생명이니라"(잠22:4)

신명기 6장은 이스라엘 백성들이 수천 년 동안 사랑한 말씀으로써 이 말씀 속에는 성경 전체의 축복의 비결이 요약되어 있는데 '경외'라는 단어가 3번, '말씀'을 의미하는 단어인 명령, 규례, 법도가 13번, '복'이란 단어가 3번 기록되어 있다.

결국 하나님의 축복을 받으려면 먼저 하나님을 경외해야 하고 그 경외함의 증거가 말씀에 순종하는 것이다.

그런데 신명기 6장에서 가장 주목할 말씀은 신명기 6:4~5절이다.

"이스라엘아 들으라 우리 하나님 여호와는 오직 하나인 여호와 시니 너는 마음을 다하고 성품을 다하고 힘을 다하여 네 하나님 여호와를 사랑하라."

이 말씀에서 '들으라'는 말씀은 히브리어로 '쉐마'로써 이스라엘 백성들이 오늘날도 생명같이 여기는 말씀이다. 주님은 지금 무엇을 들으라고 말씀하시는 것일까?

하나님을 사랑하되 마음과 뜻과 목숨을 다하여 사랑하라는 것으로써 이것이 경외함이다.

그러면 어떻게 우리가 하나님을 경외할 수 있을까?

그 방법은 여러 가지가 있지만 분명한 것은 우리가 하나님을 뜨겁게 만나거나 기적을 체험하면 얻을 수 있다. 출애굽기 14:31에는 귀한 말씀이 기록되어 있다.

"이스라엘 민족이 여호와께서 애굽 사람들에게 행하신 큰 능력을 보았으므로 하나님을 경외하고 그 종 모세를 믿었더라." 이 말씀은 홍해의 기적 직후에 기록된 말씀으로, 인간이 하나님을 경외하게 되는 것은 인간의 지식을 넘어서는 기적을 체험할 때 느끼는 큰 감동으로 다가온다.

세계 역사 속에서 도저히 이해할 수 없는 한 국가가 있다.

세상에서 거의 제일 작은 나라, 그러나 하나님이 자기 백성으로 선택하신 나

라,

(신7:6~7), 주님이 너무 사랑하셔서 십계명을 주시고 약속의 땅으로 인도하신 나라, 수천 년 동안 많은 강대국의 침략을 받았지만 주님께서 눈동자같이 지켜 주셔서 멸망하지 않고 살아남은 나라, 오늘날도 전 세계에 영향을 끼치며 인류 역사에 공헌을 한민족, 그들이 이스라엘 민족이다.

우리는 그 사실을 세계적으로 유명한 유태인을 통하여 알 수 있다.

① 사상가 : 헤겔, 칸트, 루소, 스피노자, 데카르트, 니체, 파스칼.

② 음악가 : 베토벤, 헨델, 모차르트, 멘델스존, 바그너, 차이콥스키.

③ 문학가 : 앙드레 지드, 사르트르, 카프카, 까뮈, 파스테르나크.

④ 과학자 : 아인슈타인, 코흐(결핵균), 왁스먼(마이신), 오펜하이머(수소폭탄).

⑤ 미술가 : 미켈란젤로, 피카소, 렘브란트, 세잔느, 밀레, 샤갈.

⑥ 지휘자 : 토스카니니, 유진 오르만디, 번슈타인, 부르너 월터.

⑦ 연주자 : 아이작스턴, 야사 하이페츠, 파블로 카잘스.

⑧ 정치가 : 나폴레옹, 처칠, 루즈벨트, 아이젠하워, 드골, 케네디.

어떻게 그 작은 나라에게 이렇게 역사에 빛나는 많은 인물들을 배출 할 수 있었을까? 그 이유는 간단하다. 이스라엘 백성들이 수천 년 동안 하나님을 경외하였고, 말씀에 순종했기 때문에 주님의약속이 성취된 것이다.

"내가 오늘날 네게 명하는 모든 명령을 지켜 행하면, 하나님께서 너를 세계 모든 민족위에 뛰어나게 하실 것이다"(신28:1-2)

11. 다윗의 위대한 삶과 기름부음의 관계

●사무엘상 16:13 사무엘이 기름 뿔을 취하여 그 형제 중에서 그에게 부었더니 이 날 이후로 다윗이 여호와의 신에게 크게 감동되니라 사무엘이 떠나서 라마로 가니라

성경에 기록된 많은 믿음의 사람 중에서 다윗의 생애는 특별하고도 놀랍다. 초라한 목동에서 왕이 된 것도 그렇지만, 그의 전 생애가 승리와 영광으로 가득 찼기 때문이다. 성경을 보면 다윗의 인생이 잔이 넘치는 삶이 될 수 있었던 결정적인 계기가 있었는데, 그것은 하나님께 '기름부음'을 받은 사건 때문이다.

기름부음을 받는 것이 중요한 이유는 무엇일까?

① 특별한 선택을 받은 증거이기 때문이다.

다윗의 아버지 이새에게는 8명의 아들이 있었고 다윗은 막내였다. 이새는 사무엘 선지자로부터 자기 아들 중 한명이 왕으로 선택받을 것이라는 말을 듣고서 장남부터 7명만 데리고 간다. 다윗의 나이가 20살이 되지 않았으므로 공식적인 행사에 나갈 수 없었기 때문이다. 그러나 주님은 다윗을 선택하셨고 이 일은 사무엘 선지자나 아버지 이새도 예상하지 못한 충격적인 일이였다.

② 하나님의 손에 잡히는 것이기 때문이다.

레위기 8:10~12을 보면 제사장 임명식의 모습이 기록되어 있다. 거룩하게 구별하는 기름인 관유를 성막 안에 있는 기구뿐만 아니라, 제사장의 머리까지 붓는데 이때 중요한 것은 기름 부으심을 받는 순간부터 사람이든지 물건이든지 모두다 '하나님의 것'으로 바뀐다는 사실이다. 곧 모든 소유권이 인간에게서 하나

님께로 옮겨가는 것으로써 다윗이 주님께 기름부음을 받았다는 것은, 이제 그의 전 생애와 모든 귀한 달란트가 하나님의 영광의 도구가 된 것을 의미한다.

나는 오래전 오늘 말씀을 묵상할 때 큰 은혜를 받았는데 특별히 '이날 이후로'라는 말씀에 감동을 받았다.

그 이유는 다윗의 생애가 180° 바뀐 계기가 기름부음 때문이라는 사실이 이 말씀 안에 들어 있기 때문이다.

그러면 기름부음 받은 뒤에 다윗의 삶속에 나타난 변화와 특징은 무엇 이였을까?

① 강하고 담대한 믿음을 갖게 된다.

다윗은 기름 부음 받은 사건이 기록된 사무엘 16장의 다음 장인 17장에서 적장인 골리앗을 물맷돌로 죽인다. 다윗은 용감한 소년이었지만, 골리앗과의 싸움은 쉬운 일이 아니었다. 그렇지만 놀라운 승리를 거둔 것은 다윗에게 기름을 부으신 하나님이 그 손을 잡아 주셨기 때문이다. 곧 돌은 던진 것은 다윗 이였지만 돌이 맞게 하신 것은 하나님 이였다.

② 지혜로 많은 사람의 사랑을 받는다.

다윗의 뛰어난 지혜에 대한 말씀이 사무엘상 18장에 4번 기록된 것으로 알 수 있다. 물론 이 지혜는 경외하는 믿음으로 얻은 것이다.

③ 고통 속에서 끝까지 인내 할 수 있었다.

사울왕은 주님의 마음이 자기를 떠나고 다윗의 이름은 점점 유명해지자 다윗을 죽이려고 했다. 결국 다윗은 10년이 넘는 유랑생활을 떠나는데 그 고난의 세월을 이길 수 있었던 힘은 기름 부으신 다음부터 늘 함께하신 주님의 위로가 있었기 때문이다.

④ 용서와 관용의 삶을 살게 되었다.

다윗은 자기를 죽이려고 한 사울 왕을 몇 번 죽일 수 있는 기회가 있었지만 죽이지 않는다. 사울왕도 하나님께 기름부음을 받은 사람이었기 때문이다.

그런데 다윗이 사울을 용서 할 수 있었던 또 한 가지 이유는 하나님께서 자기를 기름 부으시고 왕으로 세우신 크신 은총에 대한 감사 때문이였다.

결국 다윗의 용서와 너그러움은 주님을 기쁘게 하였고, 하나님은 그에게 놀라운 선물을 주신다. 그것이 ①이스라엘 40년 통치의 영광과 ②그 많은 왕 중에서 가장 사랑받는 인물이 된 것이다. 우리는 이 모든 말씀을 통하여 한 인간의 삶 속에서 '기름부음'이 얼마나 중요한 것인가를 알 수 있다.

성경을 자세히 살펴보면 다윗이 기름부음을 받은 것은 한번이 아니라 3번 이였다.

① 처음 이스라엘의 왕이 될 것을 '약속'받을 때(삼상16:13)
② 이스라엘의 절반인 '유다의 왕'이 됐을 때(삼하2:4)
③ 이스라엘 전체의 '통일 왕국의 왕'이 되었을 때(삼하5:3)

과연 주님께서 다윗에게 세 번 기름 부으신 이유는 무엇이며 이 사건 속에 숨어있는 영적 교훈은 무엇일까?

① 첫 번째 기름부음은 왕으로서의 선택과 약속 이였지만, 그 당시 다윗은 연약했기에 많은 훈련이 필요했고 약10년의 유랑생활을 이길 수 있는 힘을 공급하기 위함이었다.

② 두 번째 기름 부음은 다윗이 왕이 되었지만 통치할 땅은 이스라엘의 절반 뿐 이였기에, 전체를 통일할 때까지 소망을 잃지 않고 끝까지 인내 할 수 있

는 힘을 공급받기 위함이다.

③ **세 번째 기름부음은** 이스라엘 전체를 통일함으로 하나님의 약속은 성취되었지만 이제 이스라엘을 33년 통치하면서 하나님의 영광이 넘치는 나라로 만들기 위하여 필요한 지혜와 능력을 공급하기 위함이다.

우리는 이 말씀을 통하여 참된 기름 부으심의 목적은 ①하나님의 사랑과 선택도 중요하지만, 한편 하나님의 약속과 뜻이 성취될 때까지 필요한 모든 것을 공급하시기 위함이요 ②이 기름부음의 은혜는 한번으로 끝나는 것이 아니라 계속하여 필요한 은혜임을 알 수 있다.

다윗이란 이름의 뜻은 '사랑 받는 자'를 의미한다.

이 사랑은 처음에는 '선택받음'으로 다가오지만 그 선택의 절정이 바로 '기름부으심'이요 그 결과가 '약속의 성취'인 것이다.

구약성경에는 성령을 의미하는 단어가 378회 기록되었고 신약 성경에는 230회 기록되었다.

이 사실을 통하여 성도의 신앙생활에서 성령의 기름 부으심이 얼마나 중요한가를 깊이 깨닫고 늘 그 은총을 사모하는 지혜로운 삶을 살아야 한다.

12. 놀라운 승리의 비결 하나님과의 동행

●사무엘상 18:12~14 여호와께서 사울을 떠나 다윗과 함께 계시므로 사울이 그를 두려워한지라 그러므로 사울이 그로 자기를 떠나게 하고 천부장을 삼으매 그가 백성 앞에 출입하며 그 모든 일을 지혜롭게 행하니라 여호와께서 그와 함께 계시니라

성경을 보면 승리와 영광의 삶을 살았던 사람들의 공통적인 특징은 하나님과 동행하는 것 이였다. 요셉의 인생에 다가온 많은 고난들이 합력하여 선을 이룰 수 있었던 비결은 하나님이 함께 하셨기 때문이었다. 창세기 39장 안에 '하나님이 요셉과 함께 하셨다'는 말씀이 4번 기록되어 있고, '형통했다'는 3번 기록되어 있다. 여호수아가 가나안 정복전쟁에서 승리할 수 있었던 것도, 기드온이 미디안 군대를 격파할 수 있었던 것도 주님이 함께 하셨기 때문이었다.

그런데 성경에서 하나님과 평생 동행함으로 놀라운 승리의 삶을 살았던 사람은 다윗이다. 사무엘상 18장에 '하나님이 다윗과 함께 하셨다'는 말씀이 3번 기록된 것을 통하여 알 수 있다.

어떻게 다윗은 주님과 동행 할 수 있었을까?

① 겸손

다윗은 이렇게 고백한다. "나는 가난하고 천한 사람입니다"(삼상18:23)

그런데 사실은 그렇지 않다. 이미 왕으로 기름부음을 받았을 뿐만 아니라 적장 골리앗까지 죽였기 때문이다. 그러나 다윗은 교만하지 않고 겸손했기에 주님이 함께하신 것이다.

② 지혜

사무엘상 18장에는 다윗의 지혜로움이 여러 번 기록되어 있다. 특히 다윗은 '크게' 지혜로웠으며(15절) '사울의 모든 신하보다 더욱 지혜로웠다.'(30절)

③ 담대함

사울왕은 다윗을 미워했기에 블레셋 군대를 통하여 죽이기로 작정한 뒤, 한 가지 음흉한 제안을 한다.

"블레셋 사람 백 명을 죽인 뒤, 그 양피를 가져오면 내 딸을 주겠다."

그 이유는 다윗을 블레셋 사람의 손에 죽게하기 위함이였다. 그러나 다윗은 주저하지 않고 싸움에 나가 블레셋 사람 이백 명을 죽인 뒤 양피를 왕께 드린다.

다윗이 하나님과 동행함으로 누렸던 축복은 특별히 사무엘하 8장에 자세히 기록되어 있다. 그것은 다윗이 정복전쟁을 하여 이스라엘 역사상 가장 넓은 땅을 차지하는 내용으로 블레셋, 모압, 암몬, 아말렉, 아람, 에돔을 정복한 뒤 그들로부터 조공을 받은 것이다.

성경에는 하나님께서 이스라엘 백성들에게 주시기로 약속하신 땅의 넓이가 여러 곳에 기록되어 있는데, 대표적이 말씀이 여호수아 1:3~4에 있다.

곧 동쪽은 유프라테스 강까지 서쪽은 지중해까지, 남쪽은 신 광야까지, 북쪽은 레바논 산맥까지였다. 그 약속을 처음 받은 사람은 아브라함이었고(창15:18) 그 약속을 성취하고 누린 사람은 이스라엘 많은 왕 중에서 다윗밖에 없다.

세계적인 백과사전 브리태니커를 보면, 다윗이 차지했던 넓은 땅은 '비옥한 초승달'(Fertile Crescent)이란 이름으로 기록되어 있다.

이 말은 미국의 동양학자인 제임스 브리스테드가 처음 사용했으며 문명의 시작인 메소포타미아 문명과 지중해 문명이 마치 초승달처럼 생긴 것에서 유래했다. 이 지역은 다윗이 정복한 나라와 일치하며, 그리스 로마 문명의 토대가 되었던 고대 국가들 곧 이집트, 앗수르, 페니키아가 모두 이 지역에 있었다.

그런데 성경은 다윗이 그토록 넓은 땅을 얻고 승리를 거둔 비결이 '하나님이 함께 하셨기 때문'이라고 사무엘하 8장에 두 번 기록하고 있다(6,14절).

그러면 구약 시대에 하나님과 동행하던 믿음은 신약 시대에는 어떤 모습으로 바뀔까? 그것이 '예수 안에 있는 삶'이다.

왜냐하면 하나님이 인간의 모습으로 세상에 오셨기 때문이다.

"보라 처녀가 잉태하여 아들을 낳으리니, 그 이름을 임마누엘이라 하셨으니, 이를 번역한즉 하나님이 우리와 함께 계심이라"(마1:23)

이 놀라운 진리를 이해하고, 평생 증거한 사람이 사도 바울이다. 그는 원래 예수를 핍박하며 '그리스도 밖'에 있던 사람이지만, 부활하신 예수를 만난 뒤, 평생 예수와 동행함으로써 '그리스도 안에 있는 삶'이 무엇인가를 증명하는 위대한 삶을 살았다. 특별히 그는 예수 안에 있는 삶의 비결을 신학적으로 정립함으로써 '그리스도 안에'라는 표현은 그의 신학적인 핵심 내용이 되었다. 바울은 그가 기록한 13권의 신약 성경 중에 이 말을 무려 164회 기록하고 있는데, 그 이유는 무엇일까? 그것은 예수님이 승천하신 뒤 복음과 교회를 위하여 충성할 때 다가왔던 그 많은 고난을 이길 수 있었던 힘은, 오직 한 가지 '예수 안에 있는 뜨거운 하나님의 사랑'밖에 없음을 체험으로 알고 있었기 때문이었다(롬8:35~39).

그런데 우리가 어떻게 하나님과 동행할 수 있을까?그 비결이 예수님의 고백 속에 들어 있다.

"나를 보내신 이가 나와 함께 계시도다.내가 항상 그의 기뻐하는 일을 행하므로……"(요8:29)

곧 하나님을 기쁘게 하는 삶을 사는 것이다. 그때 우리는 다윗처럼, 바울처럼 위대한 승리의 삶을 살아갈 수 있다.

13. 하나님의 축복은 언약의 성취로 다가온다.

●사무엘하 7:8~15 그러므로 이제 내 종 다윗에게 이처럼 말하라 … 내가 너를 … 이스라엘의 주권자를 삼고 네가 어디를 가든지 내가 너와 함께 있어 … 네 이름을 존귀케 만들어 주리라 내가 또 … 한 곳을 정하여 저희를 심고 … 너를 모든 대적에게서 벗어나 평안케 하리라 … 그 나라를 견고케 하리라 저는 내 이름을 위하여 집을 건축할 것이요 나는 그 나라 위를 영원히 견고케 하리라 … 저가 만일 죄를 범하면 … 징계하려니와 내가 … 빼앗지 아니하리라

성경에는 하나님께서 주의 자녀들에게 언약하신 많은 약속의 말씀이 기록되어 있다. 그 모든 언약은 주님의 사랑의 표현이며 놀라운 축복이다.

특히 구약 성경에는 많은 언약이 기록되어 있는데 야곱이 장자의 명분을 뺏고 도망가던 외로운 밤에 주님께서 꿈에 나타나 놀라운 축복을 약속하신 사닥다리 언약 (창28:13~15)과 애굽에서 탈출한 이스라엘 백성들을 시내 산에 모으신 뒤 생명의 율법을 허락하신 시내산 언약(출19장~20장)은 유명하다.

그런데 구약 성경에는 또 다른 중요한 언약이 두 가지 있다.

① 아브라함의 언약

"너는 너의 본토 친척 아버지 집을 떠나, 내가 네게 지시할 땅으로 가라. 내가 너로 큰 민족을 이루게 하리라"(창12:1~2)

이 약속은 이삭의 기적적인 출생으로 현실화되기 시작했고 야곱이 12아들을 낳아 자손이 번창 함으로 구체화 되었으며 요셉이 애굽의 국무총리가 됨으로 꽃이 피게 되었다. 야곱이 가족 70명을 데리고 이스라엘의 심한 가뭄을 피하여 애굽으로 이민가게 되고, 430년 뒤에는 20세 이상의 남자만 60만 명(노약자와 여

인들을 포함하면 200만 명이 넘음)이 됨으로써 국가를 세울 수 있었기 때문이다. 이 약속은 주님께서 아브라함에게 약속하신 뒤 약 700년이 지난 다음에 이스라엘 백성들이 여호수아를 앞세우고 약속의 땅을 정복함으로써 성취되었다.

우리는 하나님께서 언약을 주시고 성취하시는 모습을 아브라함의 생애를 통하여 알 수 있는데 특히 창세기 17장에는 '언약'이란 말이 13번 기록되어 있다.

② 다윗의 언약

하나님이 아브라함에게 언약하신대로 그 자손들이 약속의 땅에 들어갔지만, 하나님의 뜻이 모두 이루어진 것은 아니다. 구약 성경의 모든 언약은 예수님이 세상에 오신 후에야 완성이 되기 때문이다.

그렇다면 하나님의 언약은 아브라함과 예수님 사이에서 어떤 모습으로 이루어져가고 있었을까? 그 내용이 '다윗의 언약'이다(삼하 7:8~17). 이 언약은 다윗이 노년에 주님께 받은 평생의 은혜를 감사하며 성전 건축을 사모할 때, 주님께서 그 마음을 받으시고 놀라운 축복을 약속하신 내용이며 그 핵심은 8가지다.

(1)내가 너를 이스라엘의 주권자로 삼으리라.

(2)네가 어디로 가든지 함께 하리라.

(3)네 이름을 존귀하게 하리라.

(4)이스라엘 백성에게 정착할 땅을 주리라.

(5)모든 원수에게서 보호해주리라.

(6)네 자손을 세워 이스라엘을 견고케 하리라.

(7)네 자손이 성전을 지으리라.

(8)네 자손이 범죄 하면 징계는 하되 버리지는 않으리라.

이 놀라운 축복은 약 1000년이 지난 뒤, 예수님이 세상에 오심으로 완성되었다. 그러므로 다윗의 언약은 아브라함의 언약과 예수님의 언약을 연결시켜주는 매우 중요한 '징검다리 언약'인 것을 알 수 있다.

③ 예수님과 십자가 언약

구약 성경에 기록된 모든 약속의 핵심인 아브라함의 언약과 다윗의 언약이 예수님을 통하여 완성된 것을 어떻게 알 수 있을까?

그 해답이 성경에 기록되어 있다.

"아브라함과 다윗의 자손 예수 그리스도의 족보라"(마1:1)

"보라 네가 수태하여 아들을 낳으리니, 예수라 하라.그 아기는 위대한 분이요 하나님의 아들이라 불릴 것이며, 하나님께서 조상 다윗의 왕위를 주심으로 영원히 야곱의 자손들을 다스릴 것이요 그의 나라는 영원하리라"(눅1:31-33)

우리는 이 말씀을 통해 구약시대의 다윗의 왕권은 신약 시대에는 그 후손으로 오신 '예수님'께 넘겨졌으며 구약의 이스라엘 백성들은 오늘날 '성도'로 바뀌었고, 구약의 그의 나라와 왕국은 이제 '천국'으로 바뀐 것을 알 수 있다. 결국 하나님께서 아브라함에게 약속하신 사천년 전의 언약이 천년 뒤에는 다윗을 통하여 이루어졌고, 그 뒤 천년 뒤에는 예수님의 십자가 사건으로 완성된 것이다.

"하나님의 약속은 그리스도 안에서 예가 되었으니 그런즉 우리가 아멘 하여 하나님께 영광을 돌리느니라."(고후1:20)

창세기50:25를 보면 요셉이 세상을 떠날 때 특이한 유언을 하는 모습이 기록되어 있다.

"너는 여기서 나의 해골을 메고 올라가겠다고 하라"

이 말씀은 훗날 이스라엘 백성들이 애굽에서 탈출할 때, 자기의 유골을 가지고 나와 약속의 땅에 이장시켜 달라는 것으로 이 고백 속에 하나님의 약속을 끝까지 신뢰하는 요셉의 깊은 신앙심이 들어 있다. 요셉은 하나님께서 증조부 아브라함에게 약속하신 언약을 반드시 지켜주심으로 언젠가는 이스라엘 민족을 애굽에서 구원하실 것을 확신했다.

또한 자기가 이방 나라인 애굽에서 높은 지위에 있다가 세상을 떠나지만 자신의 소망은 늘 약속의 땅에 있었으므로 주님께서 주님의 때에 자신의 유골도 그 땅으로 인도하실 것을 굳게 믿은 것이다. 그 믿음대로 이스라엘 민족은 훗날 출애굽 할 때 요셉의 해골을 갖고 나왔으며(출13:19), 광야를 통과한 뒤 약속의 땅에 매장하였다(수24:32).

하나님은 약속을 굳게 믿은 요셉의 신앙을 기뻐하시며 그의 신앙을 후대의 본보기로 삼기 위하여 히브리서 11:22에 이렇게 기록하고 있다.

"믿음으로 요셉은 임종할 때에 자기 해골을 위하여 명령하였으며"

에스겔서는 이스라엘 민족이 주님께 불순종함으로 징계를 받고 바벨론에 포로로 끌려갔을 때, 그들에게 소망을 주기 위하여 기록한 책이다.

특히 이 책에는 하나님께서 반드시 약속을 지키신다는 내용이 반복하여 기록되어 있는데 그 내용은 너무나 간절하고 감동적이다.

"나 여호와는 말하고 이루느니라"(겔17:24)

"나 여호와가 말하였으니 이룰 것이라"(겔22:14)

"나 여호와가 말하였은즉 그 일이 이루어지리라"(겔24:14)

"나 여호와가 말하였으니 이루리라"(겔36:36)

"나 여호와가 이 일을 말하고 이룬 것을 너희가 알리라"(겔37:14)

예레미야서는 이스라엘 백성들이 하나님께 불순종과 우상숭배의 죄에 깊이 빠짐으로 심판 받을것을 예언하는 내용으로, 이 책 안에는 "하나님이 말씀하시느니라"는 구절이 무려 280회 이상 기록되어 있다. 그 이유는 무엇일까?

①이스라엘 민족이 책망을 받는 것은 하나님의 말씀에 불순종한 까닭임을 강조함으로써, 말씀에 순종하는 것이 얼마나 중요한 가를 알게 하기 위함이며(렘2:19)

②비록 심판을 받은 후에라도 만일 회개하고 약속의 말씀안으로 돌아오면, 주님께서 용서하시고 회복시켜 주실것을 깨닫게하기 위함이다(렘29:11-14)

14. 부귀와 영광이 넘치는 삶의 비결

●역대상 29:12 부와 귀가 주께로 말미암고 또 주는 만유의 주재가 되사 손에 권세와 능력이 있사오니 모든 자를 크게 하심과 강하게 하심이 주의 손에 있나이다

성경에는 하나님을 기쁘시게 하는 믿음으로 놀라운 축복을 받은 많은 사람들의 이름이 기록되어 있다.

그중에서 우리가 주목해야할 사람은 솔로몬과 여호사밧과 히스기야다.

성경은 이 세 명의 유다 왕이 누렸던 축복을 특별한 단어로 기록하고 있다.

'부귀와 영광이 극에 달했더라'(왕상3:13, 대하17:5, 대하32:27)

이 말씀은 그들이 이 세상사는 동안에 인간이 누릴 수 있는 최상의 복을 받은 것을 말한다.

어떻게 그토록 존귀와 영광이 넘치는 삶을 살 수 있었을까?

우리는 그 비결을 '다윗의 믿음'을 의미하는 말씀들을 통하여 알 수 있다.

솔로몬은 이렇게 고백하고 있다.

"내 아버지 다윗이 성실과 진실한 마음으로 행하므로 주께서 큰 은혜를 베푸셨나이다(왕상3:6)

또한 성경은 이렇게 말씀하고 있다.

"여호와께서 여호사밧과 함께 하셨으니 이는 저가 다윗의 길을 행하여 바알에게 구하지 않고"(대하17:3)

"히스기야가 다윗의 모든 행위와 같이 여호와 보시기에 정직히 행하여"(대하29:2)

이 세 사람의 신앙적 공통점은 하나님께 사랑받은 다윗의 믿음을 본받는 것이였으며, 결국 다윗의 믿음과 삶의 모습은 모든 이스라엘 왕들의 선악을 구별하는 기준이 된 것이다.

그렇다면 다윗의 믿음은 어떤 특징을 가졌을까?

열왕기상 3:6에 두 가지 기록되어 있다.

① **'주와 함께'라는 말씀으로** 언제나 하나님을 기쁘시게 하는 믿음으로 하나님과 동행하는 Emmanuel 신앙을 의미한다.

② **'주의 앞에서'라는 말씀으로** 마치 요셉이 언제 어디서 무엇을 하든지 주님이 눈앞에 계신 것처럼 두렵고 떨림으로 행하는 Coram Deo, 곧 하나님 면전 의식을 말한다. 언제나 '주와 함께'하기 힘쓰고, 언제나 '주의 앞에서' 행하는 믿음이 경외함이다.

다윗의 복된 믿음과 그가 누렸던 존귀와 영광의 모습은 그가 인생 말년에 주님께 드린 고백 속에 들어있다.

"부요와 존귀가 주님께로 말미암고, 주님이 세상 모든 것의 주인이시니 그 손에 권세와 능력이 있고 모든 사람을 크게 하심과 강하게 하심이 주의 손에 있나 이다" (대상29:12)

그러면 솔로몬과 여호사밧과 히스기야는 어떤 믿음의 그릇을 준비했기에 존귀와 영광의 삶을 살 수 있었을까?

① 겸손함

솔로몬은 이렇게 고백 한다.

"종의 아버지 다윗을 대신하여 왕이 되었사오나 종은 작은 아이입니다"(왕상3:7)

다윗과 비교하면 자기는 너무나 부족한 아들이라는 겸손이 들어있다.

② 말씀에 순종

성경은 히스기야가 형통한 삶을 살게 된 비결이 주님의 말씀에 순종했기 때문이며 그것이 하나님과 화목하고 연합하게 된 비결임을 말하고 있다(왕하18:6~7). 말씀의 순종과 주님과의 연합과 형통한 축복의 삶은 밀접한 관계가 있다.

③ 정성 있는 예배

"솔로몬이 일천 번제를 드렸더니 기브온에서 밤에 여호와께서 꿈에 나타나시니라" (왕상3:4-5)

일천이라는 숫자는 예배의 횟수를 말하는 것인지 분량을 의미하는 것인지 분명치는 않지만 중요한 것은 솔로몬이 예배에 정성을 다했다는 것이다.

역대하 29:5~8에는 히스기야의 종교개혁에 대한 내용이 기록되어 있는데, 그 핵심은 성전을 거룩 하게하고 올바른 예배를 드림으로 하나님과의 관계를 회복하는 것 이였다. 특히 히스기야는 이스라엘 백성의 죄를 5가지로 지적하고 있다.

①하나님을 버린 것 ②성소를 등진 것 ③등불을 끈 것 ④분향을 멈춘 것 ⑤번제를 드리지 않은 것 이였다. 그렇다면 주님이 기뻐하는 예배는 무엇일까?

그 해답은 5가지 죄를 반대로 생각해 보면 알 수 있다.

①하나님께 돌아오기 힘쓰고 ②교회를 가까이 하며 ③첫사랑의 열정을 회복하고 ④기도를 다시 시작하며 ⑤예배를 정성으로 드리는 것이다.

④ 올바른 기도

주님께서 솔로몬의 기도를 기쁘게 받으신 것은 분명한 이유가 있다.

"솔로몬이 이것을 구하매 하나님의 마음에 합한지라"(왕상3:10)

곧 주님의 뜻에 맞는 기도를 드린 것이다.

히스기야의 기도에 대한 놀라운 응답도 이유가 있다. (왕하20:2~5)

간절하게 기도드렸기 때문이다. 결국 기도 응답의 비결은 주님의 뜻을 늘 찾는 것과 간절한 마음에 있는 것이다.

⑤ 고난속의 감사

어느 날 이방 민족인 모압과 암몬 연합군이 이스라엘을 침공한다.

그때 여호사밧 왕은 먼저 하나님께 기도드린 후 모든 백성에게 금식을 선포하고 주님께 놀라운 고백을 드린다.

"오직 주님만 바라봅니다"(대하20:12)

그리고 성가대를 조직하여 하나님을 뜨겁게 찬양하는데 놀라운 것은 찬양을 시작하자마자, 하나님의 손이 움직이므로 기적적인 승리를 얻게 된다(대하20:20). 이 말씀 안에는 성도들이 고난 속에서 감사하면 주님은 그 즉시 일하시는 것을 알 수 있다.

15. 참된 믿음은 고통 속에서 노래하는 것이다.

●욥기 35:10 나를 지으신 하나님 곧 사람으로 밤중에 노래하게

성경에서 밤은 고통의 시간을 말한다. "나를 지으신 하나님 곧 사람으로 밤중에 노래하게 하시는……"(욥35:10).

왜 하나님은 성도들이 고통을 만났을 때 노래하라고 말씀하실까?

그 이유는 ①모든 고통 속에는 하나님의 뜻이 숨어있기 때문이며 ②우리가 고통 속에서 믿음을 잃지 않고 주님을 찬양할 때 하나님이 고통을 영광으로 바꿔주시기 때문이다.

성경에 기록된 인물들 중에서 고난 중에 감사함으로 주님의 손을 움직인 사람은 다윗으로 그가 노래한 많은 시편의 내용은 고통과 밀접한 관계가 있다.

그런데 많은 시편은 다윗이 고난을 만났을 때 어떻게 대처하는가를 3단계로 보여주고 있다. ①처음에는 자신도 인간이기에 아픔을 호소하지만 ②중간에는 하나님을 바라보며 믿음으로 일어나기 힘쓰며 ③마지막에는 주님의 은혜로 얻은 승리를 힘차게 노래한다.

고난 중에도 물러서지 않는 믿음과 극적인 삶의 역전승이 큰 감동을 주므로, 오늘날 많은 성도들이 다윗의 시편을 사랑한다.

다윗은 그의 삶속에 다가온 많은 고통들을 시편40:2에 "기가 막힌 웅덩이와 수렁……" 기록하고 있다.

특히 웅덩이라는 단어에는 ①감옥 ②무덤 ③거름 무더기의 뜻이 있는데 그것은 인생의 외로움과 두려움 및 수치를 말한다. 그러나 다윗은 그 기막힌 고통 속에서 주님께 감사함으로 하나님이 그의 삶에 개입하게 되고 놀라운 승리를 거두

게 하신다.

그 사실은 시편30:4~5에 기록되어 있다.

"주의 성도들아 여호와를 찬송하며 그 거룩한 이름에 감사할지어다. 그 노여움은 잠깐이요 그 은총은 평생이로다. 저녁에는 눈물을 흘릴지라도 아침에는 기쁨이 넘치리로다."

일곱 빛깔의 아름다운 무지개는 맑은 하늘에는 떠오르지 않는다.

먼저 소나기가 내리고 많은 물방울이 하늘에 가득할 때 영롱한 빛을 발하는 것이다. 북극의 오로라도 마찬가지다. 하나님이 직접 하늘에 손가락으로 그림을 그린 것 같은 찬란한 오로라는 따뜻한 지역이나 밝은 대낮에는 볼 수가 없다.

오직 살을 에이는 듯한 추위와 깊은 밤중에만 그 천상의 아름다움을 우리에게 보여 준다.

아가서4:16에는 이런 말씀이 있다.

"북풍아 일어나라. 남풍아 오라. 나의 동산에 불어서 향기를 날리라."

이스라엘에 불어오는 바람은 두 가지가 있다.

① 북풍은 서쪽 지중해에서 불어오는 '서북풍'으로 많은 습기를 머금고 있으며 이스라엘에 이슬과 비를 내려 초목이 무성하게 하는 유익한 바람이다.

② 남풍은 동쪽 아라비아 사막에서 불어오는 '동남풍'으로 뜨겁고 건조한 고통스러운 바람이지만 곡식을 영글게 하는 유익한 바람이다.

신앙생활도 마찬가지다.

성도의 삶에는 축복도 중요하지만 때론 시련도 필요하다. 그 이유는 아픔이 우리를 엎드리게 하고 주님께 가까이 가게 만들기 때문이다. 하루 24시간은 밝은 대낮만 있는 것이 아니라 어두운 밤도 있다.그런즉 만일 어떤 사람이 밤을 싫어하고 원망한다면 그 사람은 하루의 절반을 잃고 불행하게 사는 것이다.

인생도 마찬가지다.

인생이란 멋진 그림은 결코 밝은 색 물감으로만 그리는 것이 아니라 어둔 물감도 섞이면서 만들어지기 때문이다. 그러므로 세상살 때 만나는 고통 앞에 주저앉는 것은 인생의 절반을 버리는 것과 같다. 바로 여기에 성도들이 인생의 깊은 밤을 만날 때 낙심하지 말고 더욱 기도하고 찬양함으로써 속히 믿음을 회복해야하는 이유가 들어있다.

16. 참된 축복은 내가 변화될 때 시작된다.

●시편 1:1~6 복 있는 사람은 악인의 꾀를 좇지 아니하며 죄인의 길에 서지 아니하며 오만한 자의 자리에 앉지 아니하고 오직 여호와의 율법을 즐거워하여 그 율법을 주야로 묵상하는 자로다 저는 시냇가에 심은 나무가 시절을 좇아 과실을 맺으며 그 잎사귀가 마르지 아니함 같으니 그 행사가 다 형통하리로다 … 대저 의인의 길은 여호와께서 인정하시나 악인의 길은 망하리로다

시편 1편은 많은 성도들이 사랑한다. 특히 시편1:3이 많은 사랑을 받고 있다.

"저는 시냇가에 심은 나무가 시절을 쫓아 과실을 맺으며 그 잎사귀가 마르지 아니함 같으니 그 행사가 형통하리로다"

그런데 시편1편 전체를 묵상하면 하나님의 관심은 우리의 관심과 많이 다르다. 그 이유는 성도들의 관심은 '풍성한 열매와 형통한 축복'에 있지만 주님의 관심은 성도들이 먼저 '복 있는 사람'이 되어 주님을 기쁘시게 하는 삶을 사는 것이기 때문이다.

이 말씀을 통하여 신앙생활에서 가장 중요한 것은 '먼저 할 일'과 '나중할일'을 구별하는 것이며 이것을 실천하는 것이 축복의 비결임을 알 수 있다. 그러므로 예수님도 이렇게 말씀하셨다.

"너희는 먼저 그의 나라와 의를 구하라.그리하면 이 모든 것을 너희에게 더하시리라"

성경이 말씀하는 축복은 환경이나 외적인 원인으로 다가오는 것이 아니라 먼저 주님과의 올바른 믿음의 관계를 통하여 영적이며 내적인 모습으로 다가온다.

"너는 하나님과 화목하고 평안 하라. 그리하면 복이 네게 임하리라"(욥22:21)

그러면 우리가 어떻게 해야 복 있는 사람이 되고 풍성한 복을 누릴 수 있을까?

그 비결이 두 가지 있다.

① 소극적인 방법

"복 있는 사람은 악인의 꾀를 쫓지 아니하며 죄인의 길에 서지 아니하며 오만한 자의 자리에 앉지 아니하고……."

곧 주님이 기뻐하지 않는 삶인 악인의 꾀와 죄인의 길과 오만한 자의 자리에서 떠나라는 것이다. 우리는 오늘 말씀에서 죄가 점점 커져가는 죄의 점진 성을 발견 할 수 있는데 이 사실은 영어성경을 보면 더욱 의미가 분명하다. '쫓으며'는 Walk로 기록되었고, '서며'는 Stand로, '앉고'는 Sit로 기록되어 있다. 죄의 속성은 처음에는 호기심으로 쫓아가지만 결국은 아예 주저앉아 죄에 깊이 빠지게 되기 때문이다. 그러므로 우리가 복 있는 삶을 살기 원한다면, 죄의 유혹이 다가올 때 그 초기에 단호하게 끊어야 한다.

② 적극적인 방법

"오직 여호와의 율법을 즐거워하며 그 율법을 밤낮으로 묵상하는 자로다."

이 말씀은 복 있는 사람이 되려면 하나님의 말씀을 깨닫고 순종하기를 힘써야 함을 말한다. 한 인간의 삶속에서 가장 중요한 것은 무엇일까? 큰 성공일까? 많은 돈을 버는 것일까? 오래 사는 것일까? 물론 이것들도 중요하지만 성경은 더욱 중요한 것이 있다고 말씀하신다.

"무릇 의인의 길은 하나님이 인정하시나 악인의 길은 망하리로다"(시1:6)

곧 만복의 근원이 되신 하나님의 인정을 받는 것이 가장 중요한 것이다. 그 이유는 우리가 평생을 살면서 많은 일을 하고 많은 돈을 번다고 해도, 만일 주님께서 그것을 인정하지 않는다면 그 삶은 헛된 것이기 때문이다.

결국 풍성한 열매와 축복은 성도들이 믿음의 삶을 살고 의인의 길을 걸어감으로 하나님께 인정받을 때 다가오는 결과요 상급이다.

한문으로 福이란 단어를 살펴보면 왼쪽에 있는 '변'의 '二'는 한자로 上(윗쪽, 하늘)을 의미하며 '小'는 해와 달과 별을 말한다. 오른쪽에 있는 '방'을 살펴보면 '一'는 하나를 의미하고 '口'는 입을 말하며 '田'은 밭을 뜻한다.

그런즉 福이란 단어의 동양적 의미는 하늘에 떠있는 해와 달과 별이 인간의 생사화복을 주관하는 것으로 믿고 숭배하며 모든 가족이 한 마음으로 밭을 열심히 가꿔 배부르게 먹는 것을 최상의 축복으로 생각했다.

그러나 성경이 말씀하는 축복의 의미는 다르다. 축복은 영어로 blessing인데 이 말은 blood 곧 '피'에서 유래했다.

곧 인간의 참된 행복은 예수님의 보혈로 죄 사함을 얻고 하나님의 자녀로 새롭게 태어남으로 시작됨을 의미한다. 왜냐하면 그때부터 만복의 근원되신 주님께서 목자가 되셔서 평생 복된 길로 인도하시기 때문이다.

17. 기도는 죽음의 문턱에서 일어나는 것이다.

●시편 9:9~14 여호와는 … 환난 때의 산성이시로다 여호와여 주의 이름을 아는 자는 주를 의지하오리니 이는 주를 찾는 자들을 버리지 아니하심이니이다 … 피 흘림을 심문하시는 이가 저희를 기억하심이여 가난한 자의 부르짖음을 잊지아니하시도다 여호와여 나를 긍휼히 여기소서 나를 사망의 문에서 일으키시는 주여 미워하는 자에게 받는 나의 곤고를 보소서 그리하시면 딸 같은 시온의 문에서 주의 구원을 기뻐하리이다

세상을 살다보면 성도의 삶속에도 고통은 다가온다. 어떻게 이 고통을 해결할 수 있을까? 그 비결은 하나님의 손을 움직이는 것이며 그 비결이 기도다. 성경에는 많은 기도의 용사들이 기록되어 있지만 대표적인 인물은 다윗이다. 그 이유는 가장 낮은 신분인 목동에서 가장 높은 왕이 되는 과정 속에 겪었던 많은 시련들을 기도로 이겨냈기 때문이다.

그러면 기도는 어떤 사람이 하는 것일까?

① 삶의 고통이 큰 사람이 기도한다. 시편 9:9에 환란이란 단어가 기록되어 있는데 이 말은 '끊어졌다'는 의미로 소망이 전혀 없는 상황을 말한다.

② 믿음이 있는 사람이 기도한다. 시편 9:10에서 다윗은 이렇게 고백한다.

"주의 이름을 아는 자는 주를 의지 하오리니 이는 주를 찾는 자를 버리지 않기 때문입니다"

이 약속은 사람의 약속이 아니라 하나님의 약속이기에, 성도가 때때로 고통을 만났을 때 믿음을 잃지 않고 주님을 끝까지 의지하면 반드시 지켜주신다. 성경에는 주님께서 성도들을 지켜주신다는 약속이 많이 기록되어 있는데 이사야

49:15~16 말씀은 특별하다.

"여인이 어찌 젖 먹는 자식을 잊어버리겠으며 자기 태에서 난 아들을 불쌍히 여기지 않겠느냐? 혹시 그들은 너를 잊을지라도 나는 너를 잊지 않으리라. 내가 너를 내 손바닥에 새겼고……."

기독교 서적 중에서 성경 다음으로 많이 팔린 '천로 역정'을 쓴 J.번연은 원래 직업이 땜장이였다. 그는 아내의 전도를 받고 예수를 믿은 뒤 평신도 지도자로서 열심히 전도하다가 왕의 미움을 받고 감옥에 갇힌다. 큰 환란 속에서 이 책을 썼는데 그가 성경에서 가장 좋아하는 말씀이 시편9:10 말씀이다.

"하나님이여 주의 이름을 아는 자는 주님을 의지 하오리니 이는 주를 찾는 자를 버리지 않기 때문입니다."

그러면 성도가 간절히 기도할 때 어떤 일이 일어날까? 다윗은 시편9:13-14에서 이렇게 고백하고 있다.

"여호와여 나를 불쌍히 여기소서. 나를 사망의 문에서 일으키시는 주여……. 시온의 문에서 주의 구원을 기뻐하리이다."

이 기도 속에는 두 가지 중요한 구절이 있다. '사망의 문'과 '시온의 문'이 그것이다. 이 두 가지 문은 대조적인 내용으로 사망의 문은 인간의 영역, 땅의 고통, 슬픔의 세계를 의미하며 시온의 문은 신의 영역, 하늘의 평안, 기쁨의 세계를 말한다. 특히 오늘 말씀에서 가장 큰 감동을 주는 것은 '나를 사망의 문에서 일으키시는 주여'라는 고백이다. 왜냐하면 다윗은 지금 환경적으로 죽음의 고통에 빠져있지만 믿음으로는 이미 부활과 생명이 넘치는 승리의 노래를 부르고 있기 때문이다.

그러면 다윗은 어떤 자세로 기도한 것일까?

그 비결은 시편 9:12에 있는 '가난한 사람'이라는 말속에 들어 있다. 이 말씀은 힘도 없고 돈도 없는 사회적 약자를 의미하지만 영적으로는 겸손하게 엎드린 채 주님만 바라보는 믿음의 사람을 말한다(사66:2).

시편을 보면 다윗은 극심한 고통 중에 기도할 때 그 기도의 모범으로 자기의 조상인 '야곱'의 이름을 많이 인용한다.

"환란 날에 여호와께서 네게 응답하시고 야곱의 하나님의 이름이 너를 높이 드시며"(시20:1)

"이는 하나님을 찾는 족속이요 야곱의 하나님의 얼굴을 구하는 자로다"(시24:6)

왜 다윗은 고통 속에서 계속하여 '야곱의 하나님'을 찾으며 기도한 것일까? 그 이유는 간단하다. 야곱이 평생 많은 시련을 겪었지만 그때마다 주님께 간절히 기도하므로 죽음이 생명으로 바뀌는 은총을 누렸기에, 이제 자신도 야곱처럼 기도하여 동일한 은혜를 누리기 원했기 때문이다.

18. 기도 응답은 하나님 사랑과 비례한다.

●시 18:1~6 나의 힘이 되신 여호와여 내가 주를 사랑하나이다 여호와는 나의 반석이시요 나의 요새시요 … 나의 산성이시로다 내가 찬송 받으실 여호와께 아뢰리니 내 원수들에게서 구원을 얻으리로다 … 내가 환난에서 여호와께 아뢰며 나의 하나님께 부르짖었더니 저가 그 전에서 내 소리를 들으심이여 …

성경에는 많은 기도의 사람이 기록되어 있는데 대표적인 인물은 다윗이다. 그 사실은 다윗이 기록한 시편이 73편인데 그중에서 기도에 대한 내용이 53편인 것을 통하여 알 수 있다.

특히 시편18편속에는 기도의 핵심 내용과 축복이 들어있다.

① 기도는 하나님을 사랑하는 사람이 한다.

오늘 시편의 배경은 절망적 상황 이였다. 사울 왕이 다윗을 죽이려고 특공대 삼천 명을 풀고 쫓아 다녔기 때문이다. 그러나 다윗은 그 혹독한 시련 속에서 이렇게 고백한다.

"나의 힘이 되신 여호와여 내가 주를 사랑합니다."

이 고백은 죽음의 그림자가 사방을 덮고 있는 상황에서 그가 의지할 것은 오직 하나님뿐임을 고백하는 것이다.

그런데 주님을 향한 다윗의 사랑은 구체적으로 어떻게 표현되었을까?

바로 기도였다.

"내가 환란 중에 나의 하나님께 부르짖었더니 내 소리를 들으셨도다"(시18:6)

성도가 주님을 진심으로 사랑하는 증거는 큰 고난 중에도 낙심하지 않고 끝까지 기도하는 것이다.

St.어거스틴은 이렇게 말했다.

"참된 기도는 사랑 외에는 아무것도 아닙니다."

미국의 영성 신학자인 리챠드 포스터는 그의 책 '기도'의 서문에서 "기도는 사랑입니다. 그러므로 사랑을 잘하는 사람이 기도도 잘합니다" 라고 했다.

② 기도는 죽음을 생명으로 바꾸는 능력이다.

오늘 말씀 4절~5절에는 '죽음'을 의미하는 단어가 4번 기록되어 있다. 사망의 줄, 불의의 홍수, 음부의 줄, 사망의 올무……. 그런데 2절을 보면 '생명'을 의미하는 단어가 8번 기록되어 있다. 반석, 요새, 건지는 자, 하나님, 피할 바위, 방패, 구원의 뿔, 산성……. 그러므로 우리는 고난 속에서 간절히 기도하는 것은 죽음을 생명으로 바꾸는 능력임을 알 수 있으며, 사망의 음침한 골짜기에서 잔이 넘치는 축복으로 건너가는 영적인 다리(Spiritual bridge) 인 것이다. 다윗은 그 사실을 이렇게 노래하고 있다.

"주께서 나의 슬픔이 변하여 춤이 되게 하시며 나의 슬픔의 베옷이 변하여 기쁨의 띠를 띄게 하셨나이다"(시30:11)

사람의 옷은 때때로 신분과 환경을 나타낸다.

그런데 이 세상에는 모든 사람이 입기를 꺼려하는 옷이 3가지 있다.

①병원의 환자복 ②감옥의 죄수복 ③장례식의 상복… 이 옷들 중에서 가장 괴로운 것은 장례식 옷이지만 성경은 오늘 이렇게 말씀하신다.

'성도가 간절히 기도하면 주님께서 위로하심으로 장례식장의 슬픔이 훗날 반드시 잔칫날의 기쁨으로 바뀔 것이라고.'

그러면 하나님은 다윗의 기도에 어떻게 응답하셨을까?

① 시련에서 건져주신다(16절).

구약 성경에서 물은 생명의 강을 의미하지만 때론 시련의 홍수를 뜻한다. 그러나 성도가 고난의 파도 속에서 간절히 기도하면 주님은 건져주시겠다고 약속하신다.

② **형통한 길로 인도하신다**(19절).

구약 성경에서 좁은 곳은 시련을 의미하고 넓은 곳은 형통을 말한다. 그러나 광야에서 간절히 기도하면 반드시 약속의 땅으로 인도하시겠다고 말씀하신다.

③ **풍성한 상급을 주신다**(20절).

주님은 심는 대로 거두시고 행한 대로 갚아주신다.

④ **영혼에 큰 소망을 주신다**(28절).

성도가 인생의 깊은 밤을 만날 때 간절히 기도하면 주님은 가장 먼저 그 영혼에 소망의 등불을 켜주신다.

⑤ **존귀한 삶을 허락하신다**(33절).

구약 성경에서 높은 곳은 존귀함과 영광을 의미한다.하박국 선지자도 이렇게 노래했다.

"나의 발을 사슴 같게 하사 나로 높은 곳에 다니게 하시리로다"(합3:19)

⑥ **놀라운 승리를 주신다**(38절).

"저희가 내 발아래 엎드러지리로다."

적들이 우리 앞에서 무릎을 꿇는 것은 큰 승리를 의미한다.

⑦ **넓은 땅을 다스리게 하신다**(43절).

"나를 열방의 으뜸으로 삼으셨으니 내가 알지 못하는 백성이 나를 섬기리로다."

이 말씀은 주님께서 권세를 주심으로 넓은 땅을 다스리는 복을 얻게 됨을 말한다.

19. 기도는 거룩한 향을 태우는 것이다.

●시편 141:1~8 여호와여 … 내가 주께 부르짖을 때에 내 음성에 귀를 기울이소서 나의 기도가 주의 앞에 분향함과 같이 되며 나의 손 드는 것이 저녁 제사 같이 되게 하소서 여호와여 내 입 앞에 파숫군을 세우시고 내 입술의 문을 지키소서 내 마음이 악한 일에 기울어 죄악을 행하는 자와 함께 악을 행치 말게하시며 … 사람이 밭 갈아 흙을 부스러뜨림 같이 우리의 해골이 음부 문에 흩어졌도다 주 여호와여 내 눈이 주께 향하며 내가 주께 피하오니 내 영혼을 빈궁한대로 버려두지 마옵소서

성경에는 많은 믿음의 사람들이 기록되어 있는데 성도들이 다윗을 특별히 사랑하는 이유는 무엇일까? 그것은 다윗이 놀라운 승리의 삶을 살았던 이유도 있지만, 그에게 다가온 시련들을 이겨낸 굳센 믿음 때문 이기도하다. 성경을 보면 다윗이 평생 겪은 고통은 4가지로 요약할 수 있다.

① **자신의 죄악으로** 하나님과의 관계가 어긋남으로써 다가온 '영적 고통'이며 밧세바와의 간음이 그것이다.

② **많은 원수들로 인한** '환경적인 고통'으로써 다윗이 왕이 되는 것을 미워한 사울 왕이 10년 넘도록 죽이려 한 것이 대표적이다.

③ **큰 질병으로 인한** '육체적 고통'이다.(시6:2, 시30:2, 시39:13)

④ **자녀들로 인한** '가정적인 고통'으로써 압살롬이 아버지 다윗의 왕좌를 뺏기 위하여 반역을 일으킨 뒤 죽임을 당한 것과 아들 암논이 이복여동생 다말을 간음하자 그 오빠인 압살롬이 암논을 죽이는 왕자의 난이 그것이다. 어쩌면 이 고통은 다윗의 생애에서 가장 큰 아픔 이였을 것이다.

다윗이 겪은 4가지 고통은 이 세상 살아가는 성도들이 겪는 많은 고통을 의

미하는데 어떻게 다윗은 그 혹독한 시련을 이겼을까? 그 비결이 시편141:8에 기록되어있다.

"주여 내 눈이 주를 향하고 내가 주께 피하리니"

곧 절망적 상황에서 살아남는 길은 주님을 의지하는 길밖에 없다.

그러면 다윗의 믿음은 구체적으로 어떻게 나타났을까?

바로 기도였다. 다윗은 자신의 기도 모습을 특별한 단어인 '분향'으로 표현하고 있다.

"나의 기도가 주의 앞에서 분향함 같이 되며"

분향은 향을 태우는 것으로 다윗의 자신의 기도가 마치 분향처럼 주님께 향기가 되어 올라가기를 소원하고 있다. 이때 중요한 것은 먼저 자신의 몸이 뜨거운 불에 타며 녹는 '고통의 시간'이 필요하다는 것이다. 마치 촛불이 어둠을 밝히기 위해서는 먼저 초의 몸뚱이가 뜨거운 불에 녹아야만 그 심지에 불이 붙을 수 있듯이…….

우리의 기도도 마찬가지다. 그 이유는 참된 기도는 입술로만 하는 것이 아니기 때문이다.

① 먼저 육체로 지은 모든 죄를 회개하고 ② 마음의 문을 닫게 하는 모든 무거운 것들을(미움, 원망, 염려, 낙심)을 주님 앞에 내려놓은 뒤 ③ 그 영혼이 하나님의 은총을 사모하며 간절히 기도함으로,

마치 베데스다 연못처럼 끓어오를 때 놀라운 기적이 일어나는 것이다. 엘리야가 갈멜 산에서 드렸던 기도와 예수님께서 겟세마네 동산에서 드리신 기도가 분향의 기도이며 하나님은 이런 기도를 기뻐하신다(계5:8).

그런데 다윗은 성도들이 간절히 기도한 뒤에 주의 할 것을 두 가지 기록하고 있다.

① 말을 조심하라.

"여호와여 내 입 앞에 파수꾼을 세우시고 내 입술의 문을 지키소서"(시141:3)

기도는 말과 입술로 하는 것이 아니라, 영적으로 주님께 드리는 믿음과 고백이 말로 표현되는 것이다.그러므로 영혼으로 기도한 뒤 육체의 입술로 부정적인 말을 하면 그 기도는 열매를 맺을 수 없다.

② 마음을 지켜라.

"내 마음이 악한 일에 기울어……. 악을 행하지 말게 하소서"(시141:4)

입술을 지키기 위해서는 마음을 지켜야 하고, 그때 영혼에서 나오는 기도가 속히 응답된다. 성도들이 주님께 기도를 시작한 뒤에 응답되기 까지는 대부분 많은 시간이 걸린다. 이때 우리는 쉽게 낙심하거나 원망하므로 그 불신앙 때문에 주님의 손이 다가오지 못한다. 결국 간절히 기도한 뒤에 가장 중요한 것은 처음 기도할 때의 간절함과 믿음을 끝까지 지키는 것이며 그 구체적 방법이 말과 마음을 굳게 지키는 것이다.

20. 가장 큰 보물은 진리의 말씀이다.

●시편 119:18 내 눈을 열어서 주의 법의 기이한 것을 보게 하소서

하나님의 생명과 축복, 사랑과 계획이 들어있는 성경 말씀은 모두가 중요하다. 그중에서 시편 119편은 귀하고도 독특하며 성경 전체에서 장(章)이 가장 길고 절(節)의 숫자도 176절로 가장 많다. 특별한 것은 각 절마다 진리의 말씀이 강조된 것으로 그 내용이 매우 깊고 감동적이기에 학자들은 시편 119편을 시편을 대표하는 보석 같은 말씀으로 여긴다.

그런데 주님께서 시편 119편을 통하여 강조하시는 것은 무엇일까? 그것은 '경외함'과 '말씀 순종'과 '축복'의 밀접한 관계다. 그렇다면 시편 119편 속에는 어떤 축복이 들어 있을까? 하나님이 성경에 약속하신 모든 축복이 숨어있다고 해도 과언이 아니다.

① 기쁨: "주의 증거는 나의 즐거움이요"(24절)

본장에는 기쁨이란 단어가 13번 기록되어 있다.

② 소생함: "주의 말씀대로 나를 살려 주옵소서"(25절)

소생을 의미하는 단어는 7번 기록되어 있다.

③ 구원 : "주의 말씀대로 주의 구원이 임하게 하소서"(41절)

구원이란 단어는 7번 기록되어 있다.

④ 위로 : "이 말씀은 나의 곤란중의 큰 위로라"(50절)

⑤ 지혜 : "내가 주의 계명을 믿었사오니 명철을 내게 가르치소서"(66절)

⑥ 인생의 등불 : "주의 말씀은 내 발의 등이요 내 길의 빛입니다"(105절)

진리의 말씀은 인간에게 영혼의 등대가 된다.

⑦ 기업 : "주의 증거로 영원히 기업을 삼았사오니"(111절)

구약 성경의 기업은 부모로부터 물려받은 재산과 토지를 말한다.

⑧ 소망 : "주의 말씀대로 살게 하시고, 내 소망이 부끄럽지 않게 하소서"(116절)

⑨ 의와 진리 : "주의 의는 영원한 의요 주의 법은 진리입니다"(142절)

⑩ 평안 : "주의 법을 사랑하는 자에게는 큰 평안이 있으니"(165절)

시편 119편은 매우 길다. 왜 주님은 시편 119편을 이렇게 길게 만드신 것일까? 아마도 생명의 말씀이 성도의 삶속에 가장 중요한 것임을 강조하기 위함인 것 같다. 나는 때때로 재미있는 생각을 한다. 보석 같은 말씀이 가득한 오늘 말씀은 왜 119편일까? 혹시 이 땅위의 성도들이 세상의 큰 고난을 만나면 '영적인 119'인 시편 119편을 읽고 새 힘을 얻으라는 뜻이 아닐까?

그런데 이토록 소중한 말씀들이 우리의 삶속에 열매 맺기 위하여는 반드시 필요한 것이 있다. 바로 깨달음이다.

"내 눈을 열어서 주의 기이한 것을 보게 하소서"(시119:18)

하나님은 영적 존재이시며 주의 말씀도 '영'이기 때문에 인간의 힘과 지식으로는 깨달을 수 없는 깊이 감추어진 보물이다.

"살리는 것은 영이니 육은 무익하니라. 내가 너희에게 이른 말씀이 영이요 생명 이니라"(요6:63)

그러므로 성경을 읽기 전에 먼저 회개하고 지혜와 총명의 영인 성령의 도움을 구해야 한다.

"여호와의 신 곧 지혜와 총명의 신이요 모략과 재능의 신이요 지식과 여호와를 경외하는 신이 그 위에 강림하시리니"(사11:2)

1654년 프랑스에서 어떤 사람이 네 마리의 말이 끄는 마차를 타고 쎄느강변을달리고 있었다. 그런데 갑자기 달리던 말 중에서 두 마리가 울며 날뛰므로 마차는 중심을 잃은 채 흔들렸고, 두 마리의 말은 강물에 떨어졌지만 마차는 쇠고리가 끊어지지 않으므로 기적적으로 살아날 수 있었다.

그 사건이후 이 남자는 '하나님과 인생'에 대하여 깊이 생각하게 되었고, 어느 날 환상 중에 예수님을 만나는 체험을 하게 된다. 그는 그때의 감격을 양피지에 적어서 코트 소매에 넣고 꿰맨 뒤에 입고 다녔다. 그 말씀이 예레미야 2:13말씀이다.

"내 백성이 두 가지 악을 행하였나니 곧 생수의 근원이신 하나님을 버린 것과 스스로 웅덩이를 판 것인데 그것은 물을 저축하지 못할 터진 웅덩이니라."

그때이후 이 사람은 주님을 위하여 많은 헌신을 했는데 그가 기독교를 변호하기 위하여 쓴 책은 유명하다. 이 사람이 세계적인 기독교 명상록 '팡세'를 쓴 B.파스칼이다.

21. 재물의 풍성한 축복과 3가지 창고

●잠언 3:9~10 네 재물과 네 소산물의 처음 익은 열매로 여호와를 공경하라 그리하면 네 창고가 가득히 차고 네 즙틀에 새 포도즙이 넘치리라

구약시대는 농사를 짓던 시대였기에 하나님은 풍성한 축복을 의미할 때 '창고가 가득하다'는 표현을 성경에 많이 사용하셨다. 따뜻한 햇빛 과 빗줄기를 통해서 수확한 곡식을 창고에 쌓아두었기 때문이다. 성경에는 창고라는 단어가 많이 기록되어 있는데, 크게 3종류로 구분할 수 있다. 우리는 이 분명한 구별을 통하여 큰 재물을 얻는 비결을 발견할 수 있다.

1. 개인적인 창고

"네 재물과 네 소산물의 처음 익은 열매로 여호와를 공경하라 그리하면 네 창고가 가득히 차고……"(잠3:9-10)

이 말씀에서 '창고'를 관주성경으로 찾아보면 신명기28:8이다.

"여호와께서 명하사 네 창고와 네 손으로 하는 모든 일에 복을 내리시고……"

이 창고는 성도들이 개인적으로 곡식을 쌓아두는 장소인 것을 알 수 있다.

2. 하나님 성전의 창고

"만군의 여호와가 이르노라 너희의 온전한 십일조를 창고에 들여서 나의 집에 양식이 있게 하고"(말3:10)

이 창고는 개인적인 창고가 아니라 하나님의 집인 성전창고를 의미한다. 주님께서 '나의 집'이라고 말씀하셨기 때문이다.

역대하 31:11-12절에는 이런 말씀이 있다.

"그때에 히스기야가 명하여 여호와의 전안에 방을 예비하라 한고로 …… 성심으로 예물과 십일조와 구별한 물건을 갖다 두고"

이 창고는 이스라엘 백성들이 드린 십일조와 예물을 보관했던 성전 창고를 말한다. 그곳에 쌓인 물품들은 어떻게 사용되었을까? 물론 하나님의 영광을 위하여 사용되었는데 그 중에 한 가지 내용이 역대하 31:4절에 기록되어 있다.

"제사장들과 레위인 들에게 분깃(몫)을 주어 그들이 율법에 전념하게 하라"

구약성경을 보면 이스라엘 백성이 약속의 땅에 들어간 뒤, 땅을 분배할 때 12지파 중에서 11지파에게는 분배했지만 제사장과 레위인이 속한 '레위지파'만은 분배하지 않았다. 그 이유는 그들에게 땅이 아닌 하나님이 그들의 기업이었기 때문이며 오직 성전을 섬기는 일에만 전념하게 하기 위함이었다. 그러나 그들도 가족이 있고 생활을 해야 했기에 하나님은 11지파에게 넓은 땅을 주는 대신 주님께 십일조를 드릴 것을 명령하셨고, 그 십일조로 레위지파들이 생활할 수 있게 하셨다.

하지만 이스라엘 백성은 영적으로 타락하면 율법을 지키지 않았고 십일조도 드리지 않았기에 레위인들은 생활이 어려워짐으로 성전 봉사에 소홀하게 되었고 결국 성전예배의 기능은 마비되게 되었다.

히스기야 왕은 그 폐단을 없애고 성전예배를 활성화하기 위하여 지금 십일조 의무를 강조하고 있다.

구약성경에는 성전창고와 비슷한 의미로 '곳간'이라는 단어가 많이 기록되어 있다. 이 말은 개인적인 창고와 성전창고를 모두 포함하는 말로 사용되었지만 대부분 성전 창고의 의미로 사용되었다. 예를 들면, 여호와의 곳간(수6:19) 여호와의 집 곳간(수6:24) 여호와의 전 곳간(왕상7:51) 하나님의 전 곳간과 성물 곳간(대상 26:20)등이다.

3. 하늘의 보물창고

"여호와께서 너를 위하여 하늘의 아름다운 보고를 여시고 네 땅에 때를 따라 비를 내리시며 네 손으로 하는 모든 일에 복을 주시리라"(신28:12)

이 말씀에서 '보고'는 보물창고의 줄임말로써 공동번역 성경에는 이렇게 기록되어 있다.

"하나님께서 당신의 풍성한 보물창고인 하늘을 여시고……."

보물창고와 하늘이 같은 의미로 쓰여 졌다. 그런데 성경에는 하늘의 보물창고와 비슷한 말씀이 있다. 바로 '하늘 문'이다.

"내가 하늘 문을 열고 너희에게 복을 쌓을 곳이 없을 정도로 부어주지 않는가 보라"(말3:10)

이 말씀안의 하늘 문이 공동번역 성경에서는 이렇게 기록되었다.

"내가 하늘 창고의 문을 열고……."

결국 우리는 '하늘의 보물창고'와 '하늘 문'과 '하늘창고'가 모두 같은 의미로 사용된 것을 알 수 있다.

우리는 이 모든 말씀을 통하여 풍성한 재물을 얻는 비결을 알 수 있다.

① 먼저 주님의 은혜를 감사하며 '개인의 창고'를 열어 십일조를 드리면

② 그때 성전창고인 교회의 재정이 든든해짐으로 주님의 일을 힘차게 할 수 있으며,

③ 그 다음에 주님께서 기뻐하셔서 하늘보물 창고를 여시고 성도의 삶속에 풍성한 복을 주신다.

22. 마음의 병을 치료하는 비결

●잠 4:23 무릇 지킬만한 것보다 더욱 네 마음을 지키라 생명의 근원이 이에서 남이니라

하나님은 인간을 창조하실 때 3중 구조로 만드셨다.

"평강의 하나님이 친히 너희로 온전히 거룩하게 하시고 또 너희 온 영과 혼과 몸이 우리 주 예수 그리스도 강림하실 때에 흠없게 보전되기를 원하노라 너희를 부르시는 이는 미쁘시니 그가 또한 이루시리라"(살전5:23)

1. **'영'은 계란의 노른자같이 인간의 가장 깊은 곳에 있으며** 하나님과 교제하고 신령한 은혜를 받는 곳이다. 짐승은 영이 없지만 인간은 영적 존재이므로 위대하다.(창2:7) 아담의 죄로 타락한 인간이 예수를 믿고 죄 사함을 받으면 가장 먼저 다가오는 은혜가 영이 사는 것이며 그때부터 주님을 사랑하게 된다.

2. **'육체'는 계란의 껍데기 같아서** 영을 지켜주는 옷과 방패 역할을 하지만, 그 재료가 흙인 까닭에 죄와 세상을 쫓아가고 세월이 지날수록 약해지며 병이 드는 특성이 있다.

3. **'혼'은 마음, 생각, 정신으로** 마치 계란의 흰자 같아서 영과 육체의 중간에 숨어있는 특징이 있다. 이 마음은 지식과 감정과 의지가 있으므로 깨닫고 판단할 뿐만 아니라 기쁨과 슬픔을 느끼기도 하며 때론 결단하고 삶의 방향을 결정하기도 한다. 그런데 마음은 영의 지시를 받아서 육체에 전달하는 매우 중요한 역할을 함으로, 만일 마음과 생각이 병이 들면, 속에 있는 영도 약해지고 겉

에 있는 육체까지 병이 들게 된다.

그렇다면 우리가 어떻게 마음의 병을 치료하며 건강한 삶을 살 수 있을까?

① **인간의 영은** 주님을 떠나면 힘과 기쁨을 잃지만, 회개하고 기도하면 즉시 하나님의 생명을 공급받고 회복되는 특성이 있다.
② **육체적인 연약함도** 대부분 잠시 쉬고 영양을 보충하면 회복이 된다.
③ **그러나 마음의 병과 상처는** 며칠 쉬고 여행을 다녀온다고 해서 없어지는 것이 아니다. 마음의 병은 대부분 오랜 세월 속에 여러 가지 고통이 쌓이고 굳어진 것이기에 그 치료에는 많은 시간이 필요하다.

사람의 육체는 외부의 충격을 받으면 멍이 들고 고통을 느낀다. 그것은 마음의 병도 마찬가지이다. 그러나 마음의 상처는 눈에 보이지 않으므로 크게 신경을 쓰지 않게되고 집중적으로 치료하기 보다는 가슴에 안고서 묵묵히 살아간다. 이런 사람들이 가장 많이 하는 말이 '운명이지요, 참아야지요'다.

결국, 마음의 상처가 깊어지면 어느 날 갑자기 겉으로 나타나는데 그 치료는 쉽지가 않다. 물론 하나님의 은혜를 받으면 상처가 치료되지만 은혜가 떨어지면, 다시 또 마음의 깊은 상처에서 쓴물이 올라오기 때문이다.

그러면 육체의 병과 마음의 병중에서 어느 것이 더욱 아플까?

마음의 병은 때론 '화산'처럼 남성적인 모습으로 나타난다. 땅속에 끓어오르던 용암이 솟구쳐 오르듯 어느 날 갑자기 분노와 혈기로 나타난다. 그러나 때로는 '심한 몸살'처럼 여성적인 모습으로 나타난다. 몸에 열이 나고 마음이 무거우면 행복한 삶을 살 수 없듯이 미움과 원망, 염려와 낙심, 권태와 우울함 때문에 기쁨을 잃어버린 삶을 살게 된다. 따라서 마음의 병은 눈에 보이지 않지만 분명히 우리의 삶을 방해하는 장애물로써, 오랜 세월 동안의 아픔을 생각하면 육체의 병보다 훨씬 '고통스러운 병'인 것을 알 수 있다.

마음의 병은 여러 가지 '병적증세'로 나타나는데 나의 오랜 목회를 통하여 살펴보면 10가지 모습으로 요약할 수 있다.

① 화목하지 못하고 늘 싸운다. ② 입만 열면 말이 부정적이다.

③ 큰일도 아닌데 갑자기 화를 낸다. ④ 늘 자기자랑을 열심히 한다.

⑤ 공격적이며 늘 비판적이다. ⑥ 미운 사람을 용서하지 못한다.

⑦ 세상 쾌락을 너무 좋아한다. ⑧ 쉽게 상처받고 괴로워한다.

⑨ 남의 말을 듣지 않고 고집만 부린다. ⑩ 혼자만 자기 세계에 빠져있다.

만일 이 10가지 병적증세 중에서 3가지 이상 해당이 되면 우리는 조심해야 하고, 5가지 이상이면 많이 기도해야 한다.

마음의 병은 사람마다 그 증세가 다르지만 공통점이 2가지 있다.

① **마음의 깊은 곳에 숨어 있다.**

② **시간적으로 과거와 연결되어 있다**(한 달 전? 일 년 전? 십년 전?).

그런데 인간의 기억력은 한계가 있어서 큰 사건은 그 상황과 때를 기억하지만 작은 사건들은 어떤 내용인지 기억하지 못한다. 중요한 것은 '산같이 큰일'은 당연히 마음에 큰 상처를 주지만, '모래알같이 작은 아픈 기억들'도 쌓이고 쌓이면 큰 산처럼 깊은 상처를 남긴다는 것이다.

어떻게 우리가 그 많은 상처를 깨끗하게 치료받고 행복한 삶을 살아갈 수 있을까? 그 방법은 하나님께 나가는 것 밖에는 없다. 주님은 전능하시기에 우리에게 큰 고통을 주었던 '그때 그 상황'을 잘 알고 계시므로, 우리의 아픔과 상처를 치료하실 수 있기 때문이다. 현대 의학이 많이 발달했지만 인간의 마음속에 숨어있는 깊은 상처와 아픔을 완전히 치료할 수는 없다. 오직 하나님의 사랑과 예수님의 보혈과 성령의 능력만이 깨끗하게 치료할 수 있다.

23. 잠언과 3가지 생명나무

●잠언 13:12 소망이 더디 이루게 되면 그것이 마음을 상하게 하나니 소원이 이루는 것은 곧 생명 나무니라

생명나무는 하나님이 에덴동산에 심으신 선악과와 함께 있던 나무다. 그 열매는 영생의 상징 이였지만 인류의 조상 아담이 범죄 함으로 그 후손인 인간들은 그 열매를 먹을 수 없게 되었다. 그러나 예수님을 믿고 이기는 자는 그 열매를 먹을 수 있다.

"귀 있는 자는 성령이 교회들에게 하시는 말씀을 들을찌어다 이기는 그에게는 내가 하나님의 낙원에 있는 생명나무의 과실을 주어 먹게 하리라"(계2:7)

성경에는 생명나무라는 말씀이 11번 기록되어 있는데 잠언에 기록된 생명나무의 의미는 매우 유익하다. 그것은 무엇일까?

1. 꿈이 이루어지는 것

"소원이 늦게 이루어지면 마음이 상하게 되나니 소원이 이루어지는 것은 생명나무라"(잠13:12)

인간은 짐승과 달라서 밥만 먹고 살 수는 없으며 삶의 의미를 찾고 사랑도 하는 존재다. 특히 꿈을 꾸고 성취할 때 만족하는 미래지향적 존재이다. 그러나 꿈으로 가는 길은 쉬운 것이 아니다. 꿈이 클수록 고통도 커지기 때문이다. 찬란한 꿈은 하루아침에 이루어지는 것이 아니다. 때론 실패도 하고 외롭고 낙심될 때도 있지만, 사실 이 모든 것이 꿈을 이루어 가는 과정이다.

성경을 보면 '꿈과 고통'은 밀접한 관계가 있다.

구약 성경 중에 꿈과 환상에 대한 내용이 가장 많은 책은 에스겔서와 다니엘서다. 이 두 가지 책의 공통점은 그 배경이 하나님께 불순종하므로 바벨론의 포로로 끌려갔던 이스라엘 백성들의 고통스러운 삶이다. 그 깊고 어두운 밤이 있었기에 하나님은 꿈과 환상으로 위로하셨고, 죽음 같은 포로생활이 있었기에 고국으로 돌아가는 부활의 약속이 그들에게 다가올 수 있었다.

성경에는 놀라운 꿈으로 큰 상급을 받은 사람이 많다.

그중 한사람이 '갈렙'이다. 그는 이스라엘 백성들이 애굽에서 탈출한 뒤 약 1년 반이 되었을 때(홍해가 갈라진 뒤 3개월 만에 시내산에 도착했고 11개월 후에 시내 산을 떠나 가데스 바네아로 내려갔다) 가나안 땅을 정탐하기 위해 뽑힌 12족장 중 한명이었다. 그는 특별히 '헤브론'을 주목하여 그 땅 얻기를 간절히 소원한다(민 13:22).

세월이 흘러 그 땅을 분배할 때 갈렙은 여호수아에게 헤브론을 달라고 요구한다.

"이 산지를 내게 주소서"(수14:12)

왜 기름진 평야도 아닌 높은 산 위에 있는 땅 … 더욱이 강력한 원주민인 아낙 자손이 살고 있는 땅을 얻으려 한것일까?

분명한 이유가 있다. 헤브론 땅은 조상 아브라함과 가족들이 갈대아 우르를 떠나 유랑할 때 정착했던 땅이며(창13:18) 아브라함과 사라의 무덤이 있는 곳이며(창25:10), 이삭과 야곱이 살던 땅이였기 때문이다(창35:27). 곧 이스라엘 민족의 신앙적 뿌리가 있는 성스러운 땅이었기 때문이다.

갈렙이 그 땅을 처음 탐지한것은 40세때요(수14:7), 그 땅을 얻기위하여 전쟁을 한 나이는 85세였으니(수14:10) 그가 그 땅을 얻기 위해 무려 45년 동안 간절히 꿈을 꾼 것을 알 수 있다.

결국 이 복된 땅 헤브론은, 그의 자손인 다윗이 왕이 된 후 처음 7년 반동안 다스린 이스라엘의 수도가 되었다(삼하5:5).

우리는 이 사실을 통하여 부모가 꿈과 믿음으로 하나님을 경외할 때, 그 자손들이 큰 복을 받는것을 알 수 있다.

2. 지혜를 얻는 것

"지혜는 얻는 자에게 생명나무라 지혜를 가진 자는 복되도다"(잠3:18)

성경에는 지혜에 대한 말씀이 많이 기록되어 있는데 대표적인 말씀은 욥기 28장이다.

"은은 광산에서 캐고 금은 제련소에서 녹이고 철은 땅에서 파내며 동(구리)은 광석을 녹여서 얻느니라"(욥28:1~2)

"그러나 지혜는 어디에서 얻으며 명철은 어디에서 얻을까? 사람 사는 땅에서는 찾을 수가 없구나"(욥28:12~13)

"하나님은 그 길을 아시고 있는 곳을 아시나니……."(욥28:23)

"주를 경외함이 지혜요 악을 떠나는 것이 명철이니라"(욥28:28)

창조주 하나님은 이 땅위의 동식물이 살아갈 수 있도록 기본적인 지혜를 주셨는데 그것은 사랑이였다. 그러나 인간에게만은 특별한 지혜를 주셨는데 그것은 특별한 사랑이였다.

이 탁월한 지혜의 목적은 ①하나님의 뜻을 깨닫고 주님의 영광을 위하여 살게 하기 위함이요 ②생육하고 번성하며 다스리는 복을 누리게 하기 위함인데 이 지혜는 오직 지혜의 근본이 되시는 하나님을 사랑할 때만 다가온다.(잠9:10)

3. 온유한 말

"온유한 말은 생명나무라"(잠5:4)

우리는 이 사실을 예수님이 말씀하신 팔복을 통하여 알 수 있다. 심령이 가난하고 애통하며 이웃을 불쌍히 여기고 우리가 화목한 삶을 사는 것은 겸손할 때 가능 하며, 그 믿음의 그릇이 준비될 때 주님은 천국과 축복을 선물로 주시는 것이다.

어떻게 우리가 은혜로운 말을 할 수 있을까? 그 비결이 잠언4:23~24에 있다.

"무엇보다도 네 마음을 지켜라 그것이 복된 삶의 근본이다. 남을 속이는 말은 입에 담지도 말고……."

성경은 말씀하신다. 말과 마음은 하나이기 때문에, 말이 깨끗해지려면 먼저 마음부터 청결하게 하라고…….

해부학자들은 이렇게 말한다.

"인간의 혀는 두 개의 인대로 가슴과 연결되어 있다."

곧 인간의 말은 입에서 나오는 것이 아니라, 그 마음에서 나오는 것이므로 결국 말과 마음은 하나인 것이다.

24. 능숙한 사람은 왕 앞에 서리라

●잠언 22:29 네가 자기 사업에 근실한 사람을 보았느냐 이러한 사람은 왕 앞에 설 것이요 천한 자 앞에 서지 아니하리라

어느 시대나 왕은 존귀함의 상징이므로 왕 앞에 선다는 것은 큰 축복을 의미한다. 어떻게 이런 축복을 누릴 수 있을까?

오늘 말씀은 사업과 일에 임하는 자세에 대한 내용으로 일의 중요성을 강조하고 있다. 일을 할 수 있다는 것은 얼마나 큰 축복인가? 그 이유는 살아있다는 증거요 힘이 있으며 희망이 있다는 것이기 때문이다. 성경은 인간의 수명을 70~80살로 말씀하셨지만 일반적으로 80세가 넘으면 기력이 떨어지고 90세가 되면 생명의 촛불이 희미해지므로 지혜로운 사람은 젊고 힘이 있을 때 열심히 일을 한다.

전도서 12:4~7에는 사람이 늙어서 세상을 떠나기 전후의 모습을 인상적으로 기록하고 있다.

"맷돌 소리가 적어질 것이요"

……이빨이 없어 씹을 때 소리가 나지 않는다.

"새소리에 일어날 것이요"

……신경이 예민하여 작은 소리에도 잠을 깬다.

"음악 하는 여자들이 쇠할 것"

……목소리가 약해져 노래 소리가 나지 않는다.

"살구나무에 꽃이 필 것"

……머리카락이 희어져 백발이 된다.

"메뚜기도 짐이 되는 것"

……허리가 굽어서 메뚜기 한 마리도 무거워 한다.

"은줄이 풀리고 금 그릇이 깨지고 항아리가 깨지며"

……몸 안의 장기들이 고장 나는 모습을 표현한 것이다.

그러면 어떻게 후회 없는 인생을 살아갈 수 있을까?

그 해답이 전도서 12장에 기록되어 있다.

① 청년의 때에 창조주를 기억하라(전12:1).

젊고 힘이 있을 때 하나님을 알아야 주님을 기쁘게 하는 삶을 살며 풍성한 열매를 거둘 수 있다.

② 하나님을 경외하고 말씀에 순종하라(전12:13).

우리가 주님을 사랑할 때 주님도 우리와 동행하시고 복된 삶으로 인도하신다.

그렇다면 어떤 자세로 일을 할 때, 우리가 왕 앞에 서는 복된 삶을 살아갈 수 있을까? 그 비결이 본문말씀의 '능숙함'이란 단어 속에 들어 있다. 이 말은 히브리어로 '민첩하며 솜씨가 좋은 것'을 말한다. 이 단어는 영어성경에서 diligent(부지런함)로 번역되었고, 관주 성경에는 '근실함(근면과 성실)'으로 해석되었다. 결국 이 단어의 의미는 자기가 맡은 분야에서 서투른 아마추어가 아니라 능숙한 전문가인 professional(프로)이 되라는 뜻임을 알 수 있다. 성경은 놀랍게도 약 2900년 전인 솔로몬 시대에, 왕 앞에 서는 부귀와 영광을 누리려면 반드시 자기 분야에서 전문가가 되어야함을 예언하고 있다.

우리는 주님의 일에 최선을 다함으로 왕 앞에 서는 영광을 누린 사람들을 성경에서 찾아볼 수 있다.

"요셉이 애굽 왕 바로 앞에 설 때에 30세라"(창41:46)

모세도(출3:10) 다윗도(삼상16:21) 느헤미야도(느2:6) 에스더도(에2:16) 다니엘도(단

1:19)……. 그러므로 어느 시대를 막론하고 왕 앞에 서는 존귀한 삶을 살았던 사람들은 평범한 사람들이 아니라, 하나님을 경외하고 남다르게 자기의 일과 사명에 최선을 다한 사람들이었음을 알 수 있다.

미국 건국 초기의 정치가요 과학자였던 B. 프랭클린은 독립선언문을 기초하고 피뢰침을 발명했으며 프랑스 대사를 역임한 인물이다.

그는 가난한 청교도 가정에서 태어났기에 정식 공부는 1년밖에 못했지만 독실한 어머니의 신앙교육을 통하여 예수를 믿고 하나님의 지혜를 얻어 성공적인 삶을 살았다. 프랭클린의 어머니가 늘 아들을 교육하면서 강조했던 하나님 말씀이 잠언 22:29이다.

"네가 자기 사업에 근면하고 능숙한 사람을 보았느냐? 이런 사람은 왕 앞에 서리라."

생명의 말씀 한 구절이 한 사람을 변화시켰고 그 사람이 미국 건국의 든든한 기초를 세우게 된 것이다. 여기에 기독교 교육의 중요성이 들어 있으며 성경 말씀을 통한 영적 교육의 필요성이 숨어 있다.

25. 예수님의 신부……3가지 특징

●아가 4:9~11 나의 누이, 나의 신부야 네가 내 마음을 빼앗았구나 네 눈으로 한 번 보는 것과 네 목의 구슬 한 꿰미로 내 마음을 빼앗았구나 … 네 사랑이 어찌 그리 아름다운지 네 사랑은 포도주에 지나고 네 기름의 향기는 각양 향품보다 승하구나 내 신부야 네 입술에서는 꿀 방울이 떨어지고 네 혀 밑에는 꿀과 젖이 있고 …

성경에는 하나님 자녀를 일컫는 호칭이 여러 가지 있다.

나의 아들, 나의 군대, 나의 보석…… 또 하나 귀한 호칭이 있다. 바로 '신부'이다. 이 단어가 중요한 이유는 주님과 성도의 관계를 쉽게 설명해 주는 단어이기도 하지만 구약 성경에서 하나님이 이스라엘 백성을 사랑하는 표현으로 많이 사용하셨기 때문이다.

"내가 여호와로 인하여 크게 기뻐하며 내 영혼이 나의 하나님으로 인하여 즐거워하리니 이는 그가 구원의 옷으로 내게 입히시며 의의 겉옷으로 내게 더하심이 신랑이 사모를 쓰며 신부가 자기 보물로 단장함 같게 하셨음이라"(사61:10)

신부라는 단어는 아가서에만 6번 기록되었고 아가서 4장에 집중적으로 기록되었다.

오늘 말씀은 솔로몬 왕이 어느 날 시골길을 행차하다가 우연히 만난 한 처녀를 사랑하게 되고 결혼식을 마친 뒤 너무 사랑스러워 건네는 고백으로 이것은 오늘날 예수님께서 구원받은 모든 성도들, 곧 '영적인 신부'에게 들려주시는 사랑의 노래이다.

그러면 예수님의 신부인 성도가 갖추어야 할 특징은 무엇일까?

① 눈이 맑아야 한다.

"나의 누이 나의 신부야 네가 내 마음을 빼앗았구나. 네 눈으로 한 번 보는 것과……"(아4:9)

이 말씀은 공동번역 성경에 이렇게 적혀있다.

"그대 눈짓 한 번에 나는 넋을 잃고 말았다."

우리는 이 고백을 통하여 솔로몬이 이 여인을 얼마나 사랑했는가를 알 수 있다.

열왕기상 11:3을 보면 솔로몬의 궁녀들은 약 일 천명이 있었고 모두 미인이었다. 그런데 술람미 여인의 눈이 얼마나 아름다웠기에 이렇게 갑자기 사랑에 빠진 것일까? 이 여인의 눈이 미움과 욕심, 교만과 질투가 없으며 사랑과 감사, 평안과 기쁨이 넘치는 눈이었음을 알 수 있다.

영국의 유명한 시인 R. 브라우닝은 이런 시를 썼다.

'그 남자가 그 여자를 보았네.
그 여자도 그 남자를 보았네.
그 순간….생명이 움텄네.'

진실한 사랑은 반드시 생명의 역사를 일으키며 삶속에 풍성한 열매를 맺게 한다.

② 사랑이 뜨거워야 한다.

"나의 누이 나의 신부야 네 사랑이 어찌 그리 아름다운지 네 사랑은 포도주보다 달콤하구나"(아4:10)

솔로몬이 너무나 사랑했던 이 아가씨는 왕궁에 사는 사람이 아니라 시골 포도밭에서 일하는 처녀였기에 얼굴이 햇빛에 검게 탔고 옷에서는 땀 냄새가 풍겼다. 그럼에도 불구하고 솔로몬이 마음을 완전히 빼긴 이유는 포도주같은 뜨겁고 진실한 사랑 때문이였다. 포도는 사람의 발에 밟히고 으깨어져야 값비싼 포도주가 되고 오크통 속에서 오랜 세월을 녹아져야 맛과 향기가 난다. 성경은 그와 같은 고귀한 사랑이 예수님의 십자가의 죽으심으로 이 세상에 찾아왔다고 말씀하신다.

③ 말이 고와야한다.

"내 신부야 네 입술에서는 꿀방울이 떨어지고 네 혀 밑에는 꿀과 젖이 있고……"(아 4:11)

꿀과 젖은 맛과 영양이 뛰어난 식품으로 구약시대에 값진 음식 중 하나였다.

그런즉 술람미 여인의 입에서 젖과 꿀이 떨어진다는 표현 속에는 이 여인의 말이 매우 은혜스러웠음을 알 수 있다. 성경에는 말의 중요성이 많이 강조되어 있다.

"경우에 합당한 말은……은쟁반의 금 사과니라"(잠25:11)

"너희 말을 항상 은혜 가운데서 소금으로 양념하듯 하라"(골4:6)

우리는 이 말씀들을 통하여 축복의 비결 한 가지를 발견할 수 있다.

만일 우리의 삶이 젖과 꿀이 흐르는 천국이 되기 원한다면, 먼저 우리의 입술에서 젖과 꿀이 흐르는 말이 시작되어야 한다.

26. 참된 사랑에는 3가지 단계가 있다.

●아가 8:6~7 너는 나를 인 같이 마음에 품고 도장 같이 팔에 두라 사랑은 죽음 같이 강하고 … 그 기세가 여호와의 불과 같으니라 이 사랑은 … 홍수라도 엄몰하지 못하나니

아가서는 전체 내용이 8장 밖에 안 되는 짧은 내용이지만 그 의미는 깊다. 주제가 성경의 핵심인 '사랑'이기 때문이며 솔로몬과 술람미 여인의 이야기는 예수님과 성도의 이야기이기 때문이다. 아가서의 사랑의 이야기는 3단계로 이루어져 있다.

1. 기쁨의 단계(1장~3장)

어느 날 이스라엘 왕 솔로몬은 시골길을 가다가 포도원에서 일하는 처녀를 본 후에 깊은 사랑에 빠진다. 이 처녀는 사랑의 경험이 없기에 갑자기 찾아온 사랑 때문에 고민은 하지만, 결국 운명적인 사랑에 빠진다. 두 사람의 사랑에는 참된 사랑의 특징 2가지가 들어있다.

① 참된 사랑은 눈이 머는 것이다.

술람미 여인은 이렇게 고백한다.
"내가 비록 검으나 아름다우니 게달의 장막 같을지라도 솔로몬의 휘장 같구나"(아 1:5).
게달은 아라비아의 유목민들이 사막에서 사용하던 텐트로서 '마치 볼품없는

인삼 밭의 햇빛을 가리는 검은 차양' 같다. 뜨거운 햇살 아래 그을린 채 일을 하던 처녀의 모습도 검은 천막처럼 초라했지만, 그녀를 사랑하는 솔로몬의 눈에는 왕의 텐트 휘장처럼 아름답게만 보였다. 이 말씀은 훗날 죄로 말미암아 죽을 수 밖에 없는 우리들을 위하여 십자가에서 죽으신 예수님의 사랑을 의미한다.

② 참된 사랑은 병이 나는 것이다.

여인은 이렇게 고백하고 있다.

"내가 사랑함으로 병이 났구나. 내가 부탁하니 제발 나를 깨우지 말아다오"(아2:5)

이 여인은 지금 사랑 때문에 심한 몸살이 났지만 조금도 괴로워하지 않고 오히려 행복에 겨워 이렇게 말한다.

"나를 깨워서……나의 사랑을 방해하지 말아다오."

진실한 사랑은 늘 꿈속에 머물고 싶어 하는 특징이 있지만 현실을 꿈처럼 달콤한 것만은 아니다.

영국 런던대학에서 박사과정을 공부하던 바텔스라는 사람이 남여17명을 대상으로 MRI 실험을 한 뒤에 그 연구 결과를 미국 신경학회에 보고했는데 그 내용이 참 흥미롭다. 처음 보는 사람의 사진을 보여줬을 때는 뇌의 반응이 별로 없었지만 사랑하는 애인의 사진을 보여주자마자 뇌의 흐르는 피의 분량이 크게 증가했다. 그러므로 그는 이런 결론을 내렸다.

"남자와 여자 두 사람이 서로 사랑하면 뇌의 6곳~20곳에 불이 켜진다."

2. 고통의 단계(3장~5장)

솔로몬은 이 처녀를 처음 만난 순간부터 불꽃같은 사랑을 하지만 결혼식을 전후로 큰 시련을 만난다. 무엇이 두 사람을 멀어지게 했을까?

이유는 두 가지가 있다.

① 두려움

결혼식을 앞둔 술람미는 행복했지만 한편으로는 두려웠다. 신랑이 평범한 사람이 아니라 왕이였기 때문이다. 큰 신분의 차이, 왕궁의 엄격한 예절, 특히 궁궐에는 아름다운 여인이 많이 있는데 혹시 솔로몬의 사랑이 변하지 않을까? 이 모든 두려움은 악몽으로 나타났고 꿈속에서 솔로몬을 잃어버리며 방해를 받는 것으로 나타난다.(아3:1~8)

② 권태와 무관심

결혼식이 끝난 뒤 첫날밤의 기쁨이 아가서 4장에 기록되어 있다. 그러나 그 두 사람 사이에 문제가 생긴다. 술람미 여인이 마음의 긴장을 풀었기 때문이다. 어느 날 신랑이 멀리 외출한 뒤 새벽에 달려와 보니 문이 닫혀 있었다. 문을 계속 두드리며 열어달라고 했지만 신부는 깊은 잠에 빠져 있었고 나중에 그 소리를 듣게 되지만 일어나기가 귀찮아 미적거리며 궁시렁 거린다.

"아니, 왜 새벽에 와서 나를 귀찮게 하는 거야?"(아5:3)

결국 아내의 사랑이 식어버린 것을 알게 된 솔로몬은 떠나가고 그때 정신을 차린 여인은 뛰어나가 찾아보지만 신랑은 보이지 않는다. 낙심한 여인은 이렇게 중얼거린다. **"내 혼이 나갔구나"**(아5:6). 이 말의 의미는 다음과 같다.

"내가 미쳤구나, 미쳤어."

3. 성숙의 단계(6장~8장)

두 사람은 갈등을 겪은 뒤 진실한 사랑을 회복한다.

① 고통이 두 사람을 하나로 묶어준다.

두 사람의 진실한 사랑은 고통 때문에 멀어지는 것이 아니라 오히려 더 가깝게 만들었고 두 사람은 이제 "완전한 하나"가 되었음을 아가서 안에 3번 고백하고 있다(아2:16, 6:3, 7:10).

② 사랑이 세상에서 가장 큰 힘이다.

술람미 여인은 사랑의 기쁨과 승리를 이렇게 노래하고 있다.

"사랑은 죽음보다 강합니다"(아8:6)

모든 인간은 죽음을 피할 수 없다. 그런데 여인은 지금 자신의 사랑을 죽음과 연결하여 말하고 있다. 그 이유는 사람이 죽음을 거부할 수 없듯이 그들의 사랑도 도저히 거부할 수 없는 운명적 사건임을 강조하고 있다. 더욱이 자신의 사랑은 이 세상의 어떤 불보다 뜨겁고 어떤 홍수로도 쓸어갈 수 없으며, 세상의 모든 재물을 준다고 해도 바꾸지 않을 정도로 귀한 것임을 고백하고 있다. 성경은 이 사랑이 십자가에서 죽으신 예수님의 사랑이라고 말씀하신다. 그러므로 오늘이 여인의 고백은 이 땅 위에 있는 모든 성도의 고백이 되어야만 한다.

27. 하나님의 선택, 그 놀라운 사랑

●사 43:1~7 야곱아 너를 창조하신 여호와께서 이제 말씀하시느니라 이스라엘아 너를 조성하신 자가 이제 말씀하시느니라 너는 두려워 말라 내가 너를 구속하였고 내가 너를 지명하여 불렀나니 너는 내 것이라 네가 물 가운데로 지날 때에 내가 함께할 것이라 강을 건널 때에 물이 너를 침몰치 못할 것이며 … 불꽃이 너를 사르지도 못하리니 대저 나는 … 네 구원자임이라 … 내가 너를 보배롭고 존귀하게 여기고 너를 사랑하였은즉 … 무릇 내 이름으로 일컫는 자 곧 내가 내 영광을 위하여 창조한 자를 오게 하라 그들을 내가 지었고 만들었느니라

사람이 세상에 태어나 살면서 백년도 안 되는 짧은 시간 속에서 모든 것을 다 가질 수는 없다. 그런즉 참된 행복의 비결은 '많은 것'을 갖는 것이 아니라 '중요한 것'을 얻는 것이다.

성경은 인간의 삶속에서 정말 중요하고 가치 있는 것들에 대하여 말씀하고 있는데 그 중에서 가장 귀한 것은 하나님의 자녀로 선택받는 구원의 은총이다. 그 이유는 이 은혜에 대한 깨달음이 있을 때 풍성한 축복이 시작되기 때문이다.

과연 거룩한 선택 안에는 어떤 은혜가 숨어 있을까?

1. 선택이 놀라운 축복이다.

"야곱아, 너를 창조하신 여호와께서 말씀하신다. 이스라엘아 너를 조성하신 자가 말씀하신다. 너는 두려워 말라 내가 너를 구속하였고 지명하여 불렀나니 너는 내 것이라"(사43:1)

이 말씀은 하나님께서 선민으로 택하신 이스라엘 민족을 향하여 하신 것으로 주님의 크신 사랑이 세 가지 단어 속에 들어 있다.

① **창조**: 만물을 창조하신 크신 능력으로 인간을 지으심

② **조성**: 흙으로 사람을 만드신 특별한 사랑과 구별하심

③ **지명**: 많은 사람들 중에 뽑으신 선택과 은총

이 말씀 중에 가장 복된 말씀은 '너는 내 것이라'는 말씀이다. 이 안에는 하나님과 성도간의 특별한 관계가 요약되어 있으며 주님께서 성도를 영원토록 책임지신다는 약속도 들어있다.

성경에 기록된 믿음의 사람들의 생애는 결코 우연한 것은 없으며 모두 다 주님의 선택과 분명한 목적 안에서 인도하신 것이다.

요셉이 많은 고난을 겪은 뒤 국무총리가 된 것은 훗날 위대한 출애굽 사건을 위한 준비 작업이었으며, 에스더가 바벨론 포로로 끌려간 가정에서 태어났지만 훗날 페르시아의 왕비가 된 것도 멸망의 위험에 빠진 이스라엘 백성을 구원하기 위한 것이었다.

2. 선택의 특징은 주님이 평생 동행하는 것이다.

오늘 말씀 안에 '두려워 말라'는 말씀이 두 번 기록되어 있는 이유는 무엇일까? 이사야서의 배경은 이스라엘 백성들이 하나님의 은혜를 잊어버리고 우상숭배에 빠짐으로 하나님의 징계를 받아 바벨론의 70년 포로로 끌려가는 것이다. 성경은 그때의 고통을 '물과 불'로 표현하고 있다.

"네가 물 가운데로 지날 때에 내가 함께할 것이라 강을 건널 때에 물이 너를 침몰치 못할 것이며 네가 불 가운데로 행할 때에 타지도 아니할 것이요 불꽃이 너를 사르지도 못하리니"(사43:2)

그러나 오늘 말씀 중에 가장 중요한 것은 이스라엘 백성들이 고통을 당할 때,

그들만 시련을 당하도록 내버려두는 것이 아니라 하나님이 그들과 함께 하시겠다는 놀라운 약속이다. 택한 백성들에게 위로와 소망을 주시기 위함이요, 그들을 이끌고 다시 이스라엘로 돌아오게 하기 위함인 것이다.

이 사실은 오늘날 이 땅위의 모든 성도에게도 마찬가지이다. 성도는 연약하기에 구원을 받아도 넘어지고 고통에 빠진다. 그때 중요한 것은 환경을 바라보고 낙심할 것이 아니라 '임마누엘의 하나님'을 의지하면서 믿음으로 일어나고 새롭게 시작하는 것이다. 그 하나님이 오늘도 말씀하신다.

"두려워 말라 내가 너와 함께 함이니라 놀라지 말라 참으로 너를 도와주리라 참으로 나의 의로운 손으로 너를 붙들리라"(사41:10)

3. 선택받은 성도의 놀라운 축복

그 내용이 이사야서 40장~43장 안에 기록되어 있다.

① 모든 죄를 용서받음

"그 복역의 때가 끝났고 그 죄악이 용서 받았느니라"(사40:2)

복역의 때는 감옥살이를 말하며 바벨론 포로생활을 뜻한다.

② 목자가 되셔서 복된 길로 인도하심

"그는 목자같이 양 무리를 먹이시며 어린 양을 품에 안고 인도하시리로다"(사40:11)

이스라엘 민족이 70년 동안 철저히 죄를 회개하고 돌아오면 주님께서 다시 또 그들의 목자가 되어 주신다는 말씀이다.

③ 낙심하는 자를 위로하심

"피곤한 자에게 능력을 주시고 무능한 자에게 힘을 더하시나니"(사40:29)

④ 보배롭고 존귀한 삶을 주심

"내가 너를 보배롭고 존귀하게 여기고 너를 사랑하였은즉"(사43:4)

연약한 인간이 보석 같은 존귀함을 얻는 비결은 오직 하나님의 사랑을 받을 때만 가능하다.

⑤ 하나님의 영광이 가득한 삶

"내가 내 영광을 위하여 창조한 자를 오게 하라 그들을 내가 지었고 만들었느니라"

(사43:7)

28. 하나님의 생각과 사람의 생각은 다르다.

●사 55:8~9 여호와의 말씀에 내 생각은 너희 생각과 다르며 내 길은 너희 길과 달라서 하늘이 땅보다 높음 같이 내 길은 너희 길보다 높으며 내 생각은 너희 생각보다 높으니라

구원받은 성도들은 모두 하나님을 사랑한다. 그러나 많은 사람들은 신앙생활에서 갈등을 겪는다. 어떤 사람은 주님의 뜻을 알 수 없으므로, 어떤 사람은 큰 고통 때문에, 어떤 사람은 기도가 응답되지 않기 때문에……. 심지어 '정말 하나님이 살아계실까? 과연 나를 사랑하시는 것일까?' 하는 의심까지 갖게 된다. 우리는 그 우울한 모습을 출애굽의 기적으로 하나님을 찬양하던 이스라엘 백성들이 광야에서 고통을 만나면서 불신앙에 빠지는 모습을 통하여 알 수 있다.

그러므로 신앙생활에서 승리하려면 때때로 다가오는 영적인 침체를 잘 이기는 비결을 알아 둘 필요가 있는데 그 해답이 오늘 말씀이다.

"나의 생각은 너의 생각과 다르며 나의 길은 너의 길과 달라서, 하늘이 땅보다 높음같이 나의 길과 생각은 너의 길과 생각보다 높으니라"(사55:8,9)

이 말씀은 무슨 의미일까?

1. 하나님의 뜻과 사람의 뜻은 전혀 다르다.

하나님은 '전능하신 조물주'요 '인간은 연약한 피조물' 이기에 생각과 뜻이 같을 수 가 없다. 그런데 신앙생활은 나 혼자 걸어가는 것이 아니라 주님과 함께 평생을 걷는 것이다. 이때 누가 누구의 생각에 맞춰야 할까? 우리는 우리의 뜻에 주님을 맞추려고 애쓰지만 주님은 우리가 주님께 맞춰야 된다고 말씀하신다. 왜냐

하면 모든 인간은 연약하고 미련하지만 하나님은 전지전능하시기 때문이다.

결국 신앙생활에서 승리하려면 가장 먼저 나의 뜻과 생각과 계획을 버리는 것부터 시작해야 하는데 그것이 결국 쉽지는 않다. 그러므로 시간이 지날수록 신앙생활에서 가장 큰 걸림돌은 바로 '자기 자신'인 것을 깨닫게 되고, 그때부터 성도들은 자신의 연약함을 고백하며 주님의 도우심을 구하게 됨으로 영적성장과 놀라운 축복의 길을 걷게 된다.

"형제들아 내가 그리스도 예수 우리 주 안에서 가진바 너희에게 대한 나의 자랑을 두고 단언하노니 나는 날마다 죽노라"(고전15:31)

2. 하나님의 뜻을 받아들이는 것이 믿음이다.

주님의 뜻은 크고 높아서 인간의 생각으로 이해하는 것은 어렵다. 그 사실은 큰 고통을 만났을 때는 더욱 그렇다. 이때 우리는 어떻게 하나님의 뜻과 생각을 알 수 있을까? 그 비결이 있다.

① 고통 속에 하나님의 뜻이 숨어 있음을 믿고 간절히 찾는 것이다.

② 나 자신의 죄와 연약함을 발견하기 힘쓰는 것이다.

그때 우리는 삶의 고통을 겸손히 받아들이게 되고, 주님이 새로운 삶을 인도하여 주심으로 서서히 모든 고통이 합력하여 선을 이루어가게 되는 것이다.

성경은 이런 경건한 엎드림을 믿음이라고 부른다.

히브리서 11장은 구약시대에 믿음 있는 사람들의 모습을 기록한 믿음의 장이다. 놀라운 것은 그들 모두다 하나님의 뜻과 계획을 분명히 알고서 믿음의 길을 걸어간 것은 아니라는 것이다.

"믿음으로 노아는 아직 보지 못 하는 일에……(히11:7)

"믿음으로 아브라함은 갈 바를 알지 못하고 나갔으며……(히11:8)

성경에는 우리가 이해할 수 없는 많은 말씀과 사건이 기록되어 있다.

① 99살이 되도록 아들이 없던 아브라함에게 하나님은 이삭을 선물로 주신다. 그러나 이삭이 청년이 되었을 때 갑자기 이삭을 번제로 드릴 것을 명령하심으로 아브라함은 깊은 고민에 빠진다.

② 200만 명이 넘는 이스라엘 민족을 광야에서 40년 인도한 충성스런 모세에게 주님은 두 눈으로 약속의 땅을 바라보게는 하시지만 그 땅의 들어감은 허락하지 않는다. 모세가 얼마나 그 땅에 들어가기를 원했을까? 그러나 모세의 '사명과 때'는 거기까지였다. 이 일속에는 젊은 여호수아를 지도자로 세워서 가나안 정복 전쟁을 이루시려는 주님의 깊은 뜻이 계셨지만 모세가 그것을 이해하는 것은 쉬운 일이 아니였다.

하나님의 뜻과 계획이 얼마나 높고 깊은가를 알기 위하여 우리는 이사야 9:6 말씀을 묵상할 필요가 있다.

"이는 한 아이가 우리에게 낳고 한 아들을 주셨는데 그 어깨에는 정사를 메었고, 그 이름은 기묘자라 모사라 전능하신 하나님이라 영존하시는 아버지라."

어떻게 한 아기(a child)가 전능하신 하나님(The mighty God)이 될 수가 있으며 어떻게 영원하신 아버지(The everlasting Father)가 될 수 있다는 말인가?

우리는 이 난해하고 희한한 말씀의 해답을 결코 철학적인 사색으로는 얻을 수 없다. 어떻게 우리가 믿음의 길을 걸어갈 수 있을까? 인간의 지식과 수단을 버려야 한다. 더욱 겸손히 엎드리기 힘쓰며 하나님의 뜻을 간절히 찾아야 한다. 진리의 말씀을 늘 가까이 하고 기도에 힘쓰며 특히 성령의 도우심과 빛을 사모해야 한다.

몇 년 전 미국을 대표하는 교회 중 하나인 새들백교회의 담임 목사인 릭 워렌은 미국의 대표적 무신론자인 샘 해리스와의 '신의 존재에 대한 논쟁'에서 이렇게 멋진 말을 했다.

"인간의 힘으로 하나님을 이해하려고 하는 것은 마치 개미가 인터넷을 이해하려고 하는 것과 같다."

29. 하나님이 이스라엘 백성 곁을 떠나는 이유

●겔 11:16~23 그런즉 너는 말하기를 주 여호와의 말씀에 내가 비록 그들을 멀리 이방인 가운데로 쫓고 열방에 흩었으나 그들이 이른 열방에서 내가 잠간 그들에게 성소가 되리라 하셨다 하고 … 내가 그들에게 일치한 마음을 주고 그 속에 새 신을 주며 그 몸에서 굳은 마음을 제하고 부드러운 마음을 주어서 내 율례를 좇으며 내 규례를 지켜 행하게 하리니 그들은 내 백성이 되고 나는 그들의 하나님이 되리라 그러나 미운 것과 가증한 것을 마음으로 좇는 자는 내가 그 행위대로 그 머리에 갚으리라 … 여호와의 영광이 성읍 중에서부터 올라가서 성읍 동편 산에 머물고

이스라엘 역사에서 가장 고통의 때는 애굽의 430년 노예생활이 아니라 바벨론에서의 70년 포로생활이었다. 애굽의 고통은 주님의 징계가 아니었지만 바벨론의 고통은 징계였기 때문이다. 그 어둠의 때에 활동하던 선지자 에스겔과 다니엘을 통하여 하나님께서 전하신 메시지의 특징은 위로와 소망이었다. 특히 오늘 말씀에는 깊은 의미가 숨어있다.

1. 왜 하나님의 영광이 이스라엘 민족을 떠났을까?

에스겔 11:21~24에는 희한한 말씀이 기록되어 있다.

"여호와의 영광이 성읍 가운데서부터 올라가 성읍 동편 산에 머물고……"

이와 비슷한 말씀이 에스겔 10:18에도 기록되어 있다.

"여호와의 영광이 성전 문지방을 떠나서 그룹 천사 위에 머무르니……"

왜 하나님의 영광이 이스라엘 백성을 떠나시는 것일까? 그 원인이 에스겔8:6에 기록되어 있다.

"그들이 여기서 크게 가증한 일을 행하여 나로 내 성소를 떠나게 하느니라"

구약시대에 예루살렘 성전은 ①하나님이 머무시는 영광의 장소요 ②이스라엘 백성들의 제사를 받으시고 축복하시는 거룩한 처소이므로 성전은 그들의 삶과 신앙의 중심지였다. 그러나 그들이 계속 성전에서 우상숭배의 죄를 지음으로 주님께서 함께 계실 수 없기에 그들 곁을 떠나시는 것이다.

이스라엘 백성들은 얼마나 우상숭배에 힘쓴 것일까?

① 장로 70명의 우상숭배(겔8:10~13)

이스라엘을 대표하는 그들이 각색 곤충과 짐승 및 우상들을 벽에 그려 놓았다.

② 여인들의 우상숭배와 통곡소리(겔8:14~15)

바벨론의 남자 신인 담무스의 죽음을 애통하며 부활을 소망하는 행위다.

③ 성전 안 뜰에서 태양신을 섬김(겔8:16)

25명의 남자들이 성전을 등진 채 동쪽에서 떠오르는 태양신을 섬긴 것이다.

그런데 우리는 하나님께서 이스라엘 백성 곁을 떠나시는 모습을 통해 잠시 생각할 것이 있다. 왜냐하면 한 번에 떠나시는 것이 아니라 자꾸만 머뭇거리시면서 떠나시기 때문이다.

"성전 문지방을 떠나시고……"(겔10:18)

조금 바깥쪽인 "성전 동쪽 문에 머무르신 뒤"(겔10:19)

"성읍 가운데서 떠오르시고 성읍 동편 산에 머무르신 다음에"(겔11:23)

과연 그 이유는 무엇일까? 그것은 이스라엘 백성을 너무나 사랑하시고 안타깝게 여기시기 때문이다. 그 모습을 우리는 늙은 부모의 모습에서 찾아볼 수 있다. 늙은 부모가 자식과 오랫동안 살다가 어떤 이유 때문인지 함께 살 수 없는 상황이 되었다. 이제 자식들을 낳고 키웠던 정든 집을 떠나기로 결정한 뒤에 집을 나서지만, 마음이 너무 아프고 발길은 차마 떨어지지 않으므로 몸은 앞으로 걸어가는데 마음은 자꾸만 뒤를 돌아보게 됨으로 머뭇거리는 것과 같은 것이다.

2. 하나님이 그들을 징계하는 이유는 무엇일까?

① 물론 은혜 받은 것을 우상숭배로 갚은 이스라엘 백성의 죄를 징계한 것이지만 ② 더욱 중요한 이유는 그들을 '새 사람'으로 만들고 '새 믿음'을 주셔서 하나님을 섬기게 하기 위함 이었다.

"내가 그들에게 새 마음을 주고, 돌같이 딱딱한 마음이 살처럼 부드럽게 되어, 나의 말씀을 지켜서 나의 백성이 되게 하려 함이라"(겔11:19-20)

그런데 어떻게 인간이 자기의 죄를 깨닫고 새 사람이 되는 변화의 삶을 살 수 있을까? 그것은 인간의 힘으로 되는 것이 아니라 오직 하나님의 영인 성령으로만 가능하다고 성경은 오늘 말씀하신다.

"그 속에 새 신(새 영)**을 주며……."**

3. 이스라엘 백성들이 고통의 때를 이기는 비결

에스겔서에서는 두 가지 비결이 숨어 있다.

① 놀라운 꿈과 환상

그들은 오랜 포로생활에 지쳤고 절망에 빠져 있었다. 그들에게 필요한 것은 꿈과 환상이었다. 그러므로 주님께서 '골짜기 마른 뼈의 환상(겔37장)' 과 '성전에서 흘러나오는 생명수 환상(겔47장)'을 보여주셨다.

② 주님께서 고통 겪는 백성들과 함께 계신다.

이스라엘 백성들이 포로생활하면서 겪는 고통 중에서 가장 큰 것은 하나님께 버림받았다는 영적 아픔이었다. 그런데 주님은 그 고통을 아시며 위로하시기 위하여 놀라운 말씀을 하신다.

"내가 잠시 동안 이스라엘 백성에게 성소가 되리라"(겔11:16)

비록 이스라엘 백성들이 징계를 받아 예루살렘 성전이 무너졌고 바벨론에 끌려가서 포로생활을 하지만, 하나님은 그들을 버린 것이 아니라 계속 위로하시고 소망을 주시기 위하여 포로기간 동안 이스라엘 백성과 함께 계시겠다는 약속의 말씀이다. 그런데 '잠깐'이란 단어 속에는 징계기간이 길지는 않으며 반드시 약속의 땅인 이스라엘로 인도하시겠다는 약속이 들어있다.

30. 치료하는 광선과 외양간의 송아지

●말라기 4:2 내 이름을 경외하는 너희에게는 의로운 해가 떠올라서 치료하는 광선을 발하리니 너희가 나가서 외양간에서 나온 송아지 같이 뛰리라

행복한 삶을 위한 조건은 여럿이 있지만 그 중에서도 중요한 것은 건강이다. 건강을 잃으면 모든 삶이 멈춰버리기 때문이다. 그러나 인간은 연약하기에 쉽게 질병을 겪게 되고 삶의 고통도 커진다. 어떻게 병을 이기며 건강한 삶을 살 수 있을까?

1. 하나님은 모든 병을 고치신다.

어떻게 하나님은 인간의 모든 병을 고칠 수 있는 것일까?
대답은 간단하다. 주님이 인간을 창조하셨고 전능하시기 때문이다.
그런데 하나님의 치료는 세상 의술과는 몇 가지 다른 특징이 있다.

① 수술비가 필요 없다.

그 이유는 주님의 치료는 '믿음'을 통하여 다가오기 때문이다.

② 하나님의 치료는 완전하므로 재발이 없다.

이것이 때때로 재발하는 의술의 치료와 다른 점이다.

③ 세상의 의술은 '육체'를 중심으로 치료하지만 주님의 치료는 영혼에서 시작된다.

그 사실을 성경을 통해 알 수 있다.
어느 날 심한 중풍병자가 들것에 실려 예수님께 나왔다. 그때 예수께서 하신

말씀은 **"네 죄를 용서 받았느니라"**(막2:5) 이었다. 그런데 죄는 하나님과 인간의 관계에 대한 것이며 '영적인 일'이다. 이 말씀은 하나님의 치료가 육체에서 시작되는 것이 아니라 영혼에서 출발함을 분명히 밝히고 있다.

잠언18:4는 이 같은 사실을 증거하고 있다.

"사람의 심령은 육체의 병을 넉넉히 이기지만 심령이 상하면 어떻게 병을 이길 수 있겠느냐?"

이 말씀에서 心(심)은 마음이요 靈(영)은 심령이다. 인간의 모든 질병의 치료는 가장 먼저 '영'이 살아나고, 그 다음 '마음'에 평안과 기쁨이 회복된 후 마지막으로 육체의 병이 떠나가는 분명한 질서가 있음을 말씀하고 있다. 이 이야기는 계란의 생명이 껍데기나 흰자에서 시작되는 것이 아니라 노른자에서 시작되는 것과 같다.

성경을 자세히 보면 죽을병에 걸렸지만 하나님의 은혜로 치료와 기적을 체험한 사람들의 공통점은 주님 앞에서 철저한 엎드림과 간절히 의지하는 믿음을 가지고 있었다. 그러므로 하나님의 놀라운 치료는 육체의 병이 얼마나 심한 것인가? 와는상관이 없이 과연 얼마나 믿음의 간절함을 갖고 주님을 의지하는가? 하는 영적인 상태에 따라 결정된다.

2. 믿음이 놀라운 치료를 가져온다.

성경은 이렇게 말씀하신다.

"내 이름을 경외하면 너희에게 치료의 광선이 비취리라."

경외함이란 내 생명이 하나님의 손 안에 있으며 내 몸과 삶의 주인이 하나님임을 인정하는 것이다. 그러므로 이런 믿음의 성도는 육체의 질병이 왔을 때도 주님이 치료하실 것을 확신한다.

X-레이 검사는 오늘날 의학적 치료에 20%를 차지할 정도로 중요하며 뼈의 골격과 몸 안의 상태를 보여줌으로 인류의 건강에 큰 공헌을 하고 있다. 그러나 그 빛은 사람의 육안으로는 볼 수가 없다. 이 사실은 영적인 치료도 마찬가지다. 왜냐하면 오늘날에도 하나님의 치료의 광선은 비록 육신의 눈에는 보이지 않지만, 경외하는 믿음을 가진 성도의 삶속에는 계속되고 있기 때문이다. 회개와 금식, 간절한 기도, 고난 중의 감사, 말씀을 통한 감동으로 지금도 기적은 계속되고 있다.

3. 외양간의 송아지와 교훈

성경은 큰 병으로 고통 받던 성도가 치료받은 기쁨을 외양간에 갇혀 있던 송아지가 벌판에서 뛰어노는 모습으로 표현하고 있다. 왜 주님은 병으로 고통 받는 성도의 모습을 갇혀 있는 송아지로 비유하는 것일까? 송아지의 기쁨은 푸른 풀밭에서 뛰어놀며 자유롭게 풀을 뜯는 것이지 외양간에 갇혀있는 것이 아니다. 그러나 병이 들고 우리에 갇혀 있다면 이 송아지에게 외양간은 '감옥'일 뿐이다. 인간의 행복은 '자유와 기쁨'에서 시작되므로 병으로 고통을 당하면, 병원이든지 집이든지 그곳은 외양간이며 감옥이다.

인간의 육체는 흙으로 만들어졌기에 건강에 유의를 해도 때론 질병을 만나게 되고 병원 생활도 하게 된다.그때 어떻게 하면 하루빨리 외양간에서 벗어나는 건강한 삶을 살 수 있을까? 그 비결은 간단하다. 외양간의 문을 여는 힘은 결코 송아지에게 있는 것이 아니라 주인에게 있듯이, 모든 질병의 치료는 근본적으로 인간이 하는 것이 아니라 생명의 주인이신 하나님이 하신다는 것을 잊지 말아야 한다. 그것이 바로 경외하는 믿음이다.

31. 예수님의 탄생은 제2의 창조사건이다.

●마태복음 1:18~21 예수 그리스도의 나심은 이러하니라 그 모친 마리아가 요셉과 정혼하고 동거하기 전에 성령으로 잉태된 것이 나타났더니 … 아들을 낳으리니 이름을 예수라 하라 이는 그가 자기 백성을 저희 죄에서 구원할 자이심이라 하니라

창세기 1장을 보면 하나님의 천지창조는 완벽했다. 그 사실은 창세기 1장 안에 **"하나님이 보시기에 좋았더라"**는 말씀이 7번 기록된 것을 통하여 알 수 있다. 창조의 핵심은 '인간의 창조'였다.

그 증거는 ①하나님의 모습을 따라 창조된 피조물은 인간밖에 없었으며 ②세상 만물을 다스리는 권세를 받은 것도 인간밖에 없었다는 것이였다. 그러나 인류의 조상인 아담의 범죄로 하나님과의 관계는 끊어지고 모든 인간은 죽음과 멸망에 빠지게 된다. 이 비극적인 상황 속에서 우리가 기억해야 할 것은 아담의 범죄로 타락한 것은 짐승들이 아니라 주님이 가장 사랑했던 인간뿐이라는 사실이다.

이제 하나님이 새롭게 창조할 대상은 만물의 중심에 있는 인간뿐이었기에 주님의 관심은 '인간의 구원'에 집중되었다. 때가 되어 하나님이 인간의 모습으로 세상에 오셨고 십자가의 죽으심으로 죄 많은 이 세상에 '구원과 생명의 길'이 열리게 된 것이다. 이 놀라운 사건은 갑자기 이루어진 것이 아니라 오랜 세월동안 진행되었는데 이 계획의 '준비과정'을 기록한 책이 구약성경이며 그 '성취내용'을 기록한 책이 신약성경이다. 이 땅에 메시아로 오신 예수님의 생애 속에는 하나님의 창조와 생명의 능력이 숨어 있는데 그 사실을 몇 가지 내용으로 알 수 있다.

1. 예수님의 탄생

구약성경에는 예수님의 탄생에 대한 예언이 많이 기록되어 있다. 그 중에서 주목할 말씀은 미가서5:2이다.

"베들레헴 에브라다야 너는 유다 족속 중에 작은 자라 이스라엘을 다스릴 자가 네게서 나올 것이라 그의 근본은 태초이니라"

이 말씀 안에는 예수님이 태어나실 장소와 신분까지 기록되어 있다. 특히 예수님의 근본이 '태초'인 것을 밝히므로 그 시작과 기원이 영원 전부터인 것을 알 수 있다.

이 사실은 사도요한의 기록과도 일치한다.

"태초에 말씀이 계시니라 이 말씀이 하나님과 함께 계셨으니 이 말씀은 곧 하나님이시라"(요1:1)

2. 놀라운 기적들

물을 포도주로 바꾸시고 거친 파도를 잠잠케 하시며 죽은 나사로까지 살리신 것은 예수께서 하나님의 권세를 가진 것을 증명한다. 특히 죽으신 지 삼일 만에 부활하신 것은 예수께서 메시아 되심을 가장 분명하게 증명한다.

"내가 하고 있는 모든 일들이 아버지 하나님께서 나를 보내신 것을 증거 하는 것이라"(요5:36)

3. 성경의 말씀

"이 성경이 곧 나에 대하여 증거 하는 것이로다"(요5:39)

"나와 하나님 아버지는 하나이니라"(요10:30)

이 모든 증거들을 통하여 예수님의 탄생은 하나님의 '제2의 창조 사건'인 것을 알 수 있으며, 신약성경은 결코 구약성경의 속편이나 부록(책의 끝에 참고자료를 덧붙인 인쇄물)이 아니라 오히려 구약성경의 완성인 것을 알 수 있다.

고린도후서4:6에는 귀한 말씀이 기록되어 있다.

"어두운데서 빛이 있으라 하시던 하나님께서 예수 그리스도의 얼굴에 있는 하나님의 영광을 아는 빛을 우리 마음에 비추었느니라."

이 말씀은 ①태초에 천지를 창조하신 하나님의 능력을 '첫 번째 창조의 빛'으로 설명하신 다음에 ②타락한 인간에게 구원과 새 생명을 주시기 위하여 죽음에서 부활하신 예수님의 복음의 은혜를 '두 번째 창조의 빛'으로 설명하고 있다.

"그 중에 이 세상 신이 믿지 아니하는 자들의 마음을 혼미케 하여 그리스도의 영광의 복음의 광채가 비취지 못하게 함이니 그리스도는 하나님의 형상이니라"(고후 4:4)

그런데 우리가 기억해야 할 것은 하나님의 첫 번째 창조나 예수님의 두 번째 창조나 모두다 고통과 어둠을 통하여, 빛과 생명의 역사가 일어났다는 사실이다.

"우리가 사방으로 우겨쌈을 당하여도 싸이지 아니하며 답답한 일을 당하여도 낙심하지 아니하며 핍박을 받아도 버린바 되지 아니하며 거꾸러뜨림을 당하여도 망하지 아니하고"(고후4:8-9)

그러므로 오늘날 우리의 삶속에 예수의 부활의 생명이 넘치는 보배로운 삶을 살기 원한다면 결코 고난을 두려워해서는 안 된다.

"우리가 항상 예수 죽인 것을 몸에 짊어짐은 예수의 생명도 우리 몸에 나타나게 하려 함이라"(고후4:10)

32. 신약성경의 중요한 핵심인 천국

●마태복음 4:17 이때부터 예수께서 비로소 전파하여 가라사대 회개하라 천국이 가까왔느니라 하시더라

예수님이 이 땅에서 행하신 많은 사역 중에서 중요한 한 가지는 '천국의 건설과 확장'이었다. 마태복음에 천국이라는 단어가 36회 기록되었고 사복음서 안에 '하나님의 나라'라는 말이 64회 기록된 것을 통하여, 이 단어가 얼마나 중요한가를 우리는 알 수 있다.

1. 천국의 중요성

특별히 마태복음에 많이 강조되어 있다. 예수께서 세상에 오신 뒤 처음하신 설교의 핵심이 천국이였다.

"회개하라 천국이 가까이 왔느니라"(마4:17)

팔복의 주제도 천국이었고 주기도문의 중심도 천국이였다.

"나라이 임하옵시며 뜻이 하늘에서 이룬 것 같이 땅에서도 이루어지이다"(마6:10)

신약성경의 핵심 말씀인 마태복음6:33에도 천국이 강조되었으며 전도의 핵심도 천국 이였다(마10:7). 예수님은 귀신들이 하는 일의 특징도 천국을 방해하는 것이라고 말씀하셨다(마12:28).

마태복음 13장의 유명한 7가지 비유의 핵심도 천국이었다.

그런데 왜 예수님은 천국을 계속 강조하시는 것일까?

① **예수님이 천국 곧 하나님 나라의 왕이 되심**을 강조하기 위함이요

② **이제 예수님**을 통하여 이 세상에 천국이 시작되었으므로 모든 성도들이 그 축복을 누리고 이웃에게 전하게 하기 위함이다.

2. 천국의 참된 의미

성경이 말씀하는 천국의 개념은 '장소'가 아니라 '하나님의 통치와 주권'을 의미한다. 곧 이 세상이든 저 하늘이든 하나님이 지배하는 모든 영역을 말한다.

우리는 그 사실을 구약 성경에 기록된 두 가지 천국모형을 통하여 알 수 있다. ①인류의 조상인 아담과 하와에게 주셨던 '에덴동산'과 ②믿음의 조상 아브라함과 하나님 백성 이스라엘 민족에게 허락하신 '약속의 땅'이 그것이다. 그러나 이 땅위의 두 가지 천국은 인간의 범죄, 곧 아담과 하와의 불순종과 이스라엘 백성들의 우상숭배의 죄로 상실되었다. 하나님은 그 잃어버린 축복을 회복시켜 주시기 위하여 예수님을 이 세상에 보내셨으므로, 이제 그 보혈로 죄 사함을 받은 성도들은 하나님과의 관계가 회복되고 이 땅의 삶속에 에덴동산과 약속의 땅이 회복되는 축복을 누리게 되는 것이다. 그 축복이 바로 '천국'이다.

3. 이 땅 위의 중요한 3가지 천국

하나님을 목자로 모시고 따라가는 삶속에서 다윗이 푸른 초장과 잔이 넘치는 천국의 삶을 살았듯이, 예수님을 삶의 주인으로 모신 성도의 모든 삶의 영역 속에는 마땅히 천국이 임하게 된다. 그 중에서 특별히 중요한 3가지 천국이 있다.

① **심령천국**: 예수를 구세주로 고백하고 죄 사함을 받은 성도의 영혼 속에 다가오는 천국으로써 이 세상에서 가장 작은 '개인적인 천국'을 말한다.(엡2:3~5)

② **가정천국**: 구원받은 남녀 두 사람이 만나서 함께 만들어 가는 '사랑의 천국'으로 자녀를 낳고 구원으로 인도하면 천국은 그만큼 확장된다.(엡5:31~32).

③ **교회천국**: 구원받은 성도와 가정들이 모여서 이루는 '공동체 천국'으로 그 숫자가 열 명이 될 수도 있고 십만 명이 될 수도 있는 세상에서 가장 큰 천국이다.

> "또 만물을 그 발 아래 복종하게 하시고 그를 만물 위에 교회의 머리로 주셨느니라 교회는 그의 몸이니 만물 안에서 만물을 충만케 하시는 자의 충만이니라"(엡1:22~23).

그러므로 우리는 천국의 개념을 '사닥다리의 구조'로 이해할 수 있다. 가장 아래는 심령천국, 그 위가 가정천국, 그 위는 교회천국, 가장 꼭대기에 하늘 천국이 있는데 이 네 가지 천국은 서로 밀접하게 연결되어 있다. 심령 속에 천국이 이루어진 성도가 결혼할 때 가정천국을 이룰 수 있고, 가정천국들이 많이 모일수록 그 교회에는 천국의 기쁨이 넘치는 것이며, 교회를 천국으로 만들기 위하여 충성한 사람들이 훗날 하늘나라에서 큰 상급을 받을 수 있기 때문이다.

우리가 세상에서 천국의 삶을 누리기 위하여 반드시 알아야 할것이 있다.

① **천국은 성도가 세상을 떠난 뒤** 하늘나라에서만 누리는 것이 아니다. 그 이유는 하나님이 인간의 모습으로 오신 예수를 구세주로 모시면 그때부터 그 사람의 생애 속에서 천국이 시작되기 때문이다.

> "하나님의 나라는 볼 수 있게 임하는 것이 아니요 또 여기 있다 저기 있다고도 못하리니 너희 안에 있느니라"(눅17:20~21)

② **천국은 모든 성도에게 허락되었으나** 우리가 이 세상에서 누리는 천국은 완전하지 않다. 이 말은 주님이 주신 천국이 불완전하다는 의미가 아니라 천국을 누릴 인간이 연약하고 세상이 너무 험악하므로 우리가 누릴 천국이 늘 방해와 공격을 받기 때문이다.

그러므로 이 땅에서 영혼이 잘 되고 범사가 형통하며 육신이 강건한 천국의 삶을 살기 원한다면 늘 죄를 멀리하고 기도에 힘쓰며 영적으로 깨어 있어야 한다. 특히 여호수아와 갈렙 같이 긍정적이며 담대한 믿음을 가질 때 우리는 영적인 약속의 땅인 천국을 누릴 수 있다.

"세례 요한의 때부터 지금까지 천국은 침노를 당하나니 침노하는 자는 빼앗느니라"

(마11:12)

33. 신앙생활은 잃어버린 것을 찾아가는 것이다.

●마태복음 7:7~11 구하라 그러면 너희에게 주실 것이요 찾으라 그러면 찾을 것이요 문을 두드리라 그러면 너희에게 열릴 것이니 구하는 이마다 얻을 것이요 찾는 이가 찾을 것이요 두드리는 이에게 열릴 것이니라 … 너희가 악한 자라도 좋은 것으로 자식에게 줄줄 알거든 하물며 하늘에 계신 너희 아버지께서 구하는 자에게 좋은 것으로 주시지 않겠느냐

신앙생활의 정의를 한마디로 표현할 수는 없을까? 사람의 가치관과 신앙에 따라서 그 대답은 여러 가지 있지만 나는 이런 표현을 좋아한다.

"잃어버린 것을 찾아가는 것이다."

곧 세상에서 잃어버린 많은 것을 예수 안에서 찾아가는 것이라고…….

예수님은 이렇게 말씀하셨다.

"구하라, 찾으라, 두드리라."

주님께서 이렇게 말씀하신 이유는 무엇일까?

오늘 말씀의 앞뒤를 살펴보면 예수께서 구하라고 말씀하신 것은 재물이나 성공 등의 세상일 뿐만 아니라 영적인 일까지도 모두 포함하고 있음을 알 수 있다. 왜냐하면 주님께서 구하라고 하신 것은 우리에게 '필요한 것'이 있기 때문이요, 찾으라고 하신 것은 '잃어버린 것'이 있기 때문이요, 두드리라고 하신 이유는 '닫히고 막힌 것'이 있기 때문이다.

이 세상 모든 인간들은 늘 많은 것을 구하고 찾는 삶을 열심히 살아가지만 시간이 지날수록 많은 것을 잃어버리는 삶을 살아가고 있다. 재물과 건강…꿈과 삶의 의미를…평안과 기쁨을…….

그런데 안타까운 것은 모든 사람들이 세상에서 많은 것을 잃어버렸음에도 불구하고 다시 찾으려고 노력하지 않는다는 것이다. 그 이유는 ①무엇을 잃어버렸는지 깨닫지 못하기 때문이요 ②어디에서 찾아야할지 알지 못하기 때문이다. 그러므로 오늘 예수님께서 "구하라, 찾으라, 두드리라" 말씀하신 것은 험한 인생길에서 많은 것을 잃어버린 사람들에게 큰 위로와 소망의 말씀인 것이다.

어떻게 우리가 세상에서 잃어버린 것들을 모두 찾고서 행복한 삶을 살 수 있을까?

① 먼저, 하나님께 나아가야 한다.

예수님은 하나님과 성도의 관계를 아버지와 아들의 관계로 설명하고 있다. 곧 남남사이의 이해관계가 아니라 부모와 자식 같은 사랑의 관계이므로 자녀가 부모에게 요구할 때 거절하지 않고 들어주듯이, 성도가 필요한 것을 구할 때 주님은 거절하지 않으시고 응답하시는 것을 강조하고 있다. 이 끝없는 사랑을 인정하는 것이 바로 믿음이며 믿음의 그릇을 준비할 때 가득 채워 주신다.

② 간절히 기도해야 한다.

예수님은 한번 만 '구하라'고 말씀한 것이 아니라 '찾으라, 두드리라' 말씀하셨다. 왜 반복하여 거듭 강조하신 것일까?

(1) 구하라는 것은 먼저 네가 무엇을 잃어 버렸는가를 생각하라는 것이요.
(2) 찾으라는 것은 어디서 어떻게 찾아야할 것인지 고민하라는 것이며,
(3) 두드리라는 것은 낙심이나 염려, 의심과 원망을 하지 말고 끝까지 인내하며 간절히 기도하라는 말씀이다.

예수님이 세상에 계실 때 많은 사람들에게 기적을 베푸셨는데 바디매오의 이야기는 가장 감동적이다. 그는 육체로는 소경이요, 환경적으로는 거지였기에 매우 불쌍한 사람이었다. 어느 날 소문에 듣던 예수님이 자기 앞을 지나가신다는

소식을 듣고서 반드시 그 분을 만남으로 눈을 고쳐야겠다는 간절한 소원을 갖는다. 그러나 이 사람 앞에는 많은 장애물이 있었다. 너무 많은 군중, 조용하라고 꾸짖는 사람들……가장 큰 장애물은 앞을 볼 수 없다는 것이였다. 눈이 보이지 않음으로 예수님 앞에 나갈 수 없었고 자기를 주님께 인도해줄 보호자도 없었다.

결국 이런 절망적인 상황 속에서 그가 할 수 있었던 것은 오직 한 가지 '소리지르는 것' 뿐이었다. 처음에는 너무 답답해서 소리를 질렀다. 그 다음에는 자기 인생이 너무 불쌍하고 억울해서 소리를 질렀다. 마지막에는 '나도 한번 사람답게 살아봐야지' 하는 간절한 소망으로 목이 터지게 부르짖었다.

마치 곁을 떠나가는 엄마를 찾으며 울어대는 젖먹이 아이처럼……결국 예수님은 그 많은 인파속에서 목이 메여 부르짖는 바디매오의 기도를 들으시고 기적을 베풀어 주셨다.

바디매오가 부르짖으며 기도한 시간은 길지 않았다. 10분? 20분?…….

그러나 보통사람들이 평생 동안 드리는 기도의 분량을 쏟아 부은 그의 기도는, 드디어 예수님의 손을 움직이게 된 것이다.

34. 참된 은혜는 깨달음으로 시작 된다.

●마태복음 13:10~12 제자들이 예수께 나아와 가로되 어찌하여 저희에게 비유로 말씀하시나이까 대답하여 가라사대 천국의 비밀을 아는 것이 너희에게는 허락되었으나 저희에게는 아니되었나니 무릇 있는 자는 받아 넉넉하게 되되 무릇 없는 자는 그 있는 것도 빼앗기리라

성경 말씀은 모두 보배롭다. 특히 예수님의 놀라운 사역이 기록된 사복음서는 더욱 귀한데, 우리가 주목해야할 말씀이 세 곳에 있다.

① **산상보훈**(마태복음5장~7장)

예수께서 세상에 오셔서 처음 전하신 생명의 말씀으로 '성도들' 곧 하나님의 자녀들이 어떤 삶을 살아야 하는가에 대한 내용이다.

② **고별설교**(요한복음14장~16장)

예수께서 십자가에 죽으시기 전 마지막으로 전하신 보배로운 말씀으로 '제자들' 곧 하나님의 일꾼들이 어떻게 섬겨야 하는가에 대한 내용이다.

③ **바닷가의 천국비유**(마태복음13장)

예수님이 갈릴리 바닷가에서 많은 군중에게 전하신 내용으로 하나님의 나라 곧 천국의 7가지 특징을 비유로 말씀하셨다.

이 말씀에서 비유라는 말은 '옆에서 던지다'는 의미로서 어떤 내용을 효과적으로 표현하기 위하여 그것과 비슷한 다른 내용을 빗대어 표현하는 것으로 이런 표현법은 그 뜻이 분명하지 않기 때문에 쉽게 깨달을 수가 없다. 그러므로 예수님은 마태복음 13장에서 깨달음이란 단어를 6번 기록함으로써 신앙생활에서 깨달음이 얼마나 중요한가를 강조하고 있다. 특히 마태복음 13:51에서는 주님께서

제자들에게 다시 이렇게 물어보신다.

"이 모든 것을 깨달았느냐?"

그 때 제자들은 말한다.

"그렇습니다."

그러나 제자들은 예수님의 비유와 말씀을 깨닫지 못 하였다.

요한복음10장을 보면 예수님은 목자와 양의 비유를 통하여 성도가 하나님의 음성을 듣고 아는 것은 중요하다고 말씀하신다. 그렇지만 제자들은 전혀 깨닫지 못하였다.

"예수께서 이 비유로 저희에게 말씀하셨으나 저희는 그 말씀이 무엇인지 알지 못 하니라"(요10:6)

제자들은 예수께서 십자가의 죽음을 예고했을 때도 깨닫지 못했다.

"제자들이 이것을 하나도 깨닫지 못 하였으니 그 말씀이 감추었으므로 저희가 그 말씀하신 것을 깨닫지 못 하였더라"(눅18:34)

깨달음의 중요성은 마태복음 13:11에서 매우 강조되고 있다.

"천국의 비밀을 아는 것이 너희에게는 허락되었으나 저희에게는 허락되지 않았느니라."

이 말씀에서 '너희'는 누구이며 '저희'는 누구일까? 너희는 주님의 말씀을 듣는 제자들과 성도들을 말한다. 우리는 그 사실을 관주성경을 통하여 알 수 있다.

"너희는 거룩하신자에게서 기름부음을 받고 모든 것을 아느니라"(요일2:20)

그러면 '저희'는 누구를 말하는가? 이 말의 그리스어는 '은혜 밖에 있는 자' 곧 예수를 믿지 않는 사람을 말한다. 우리는 '너희' 와 '저희'의 차이를 에베소서 2:11~13을 통하여 분명히 알 수 있다. 여기에서 너희는 '그리스도 안에 있는 자'를 의미하며, 저희는 '그리스도 밖에 있는 자' 곧 하나님을 알지 못하는 이방인들을 말한다.

깨달음이 하나님의 크신 은혜인 것은 구약 성경에도 많이 강조되어 있는데, 다니엘서는 깨달음이란 단어를 13번 기록하면서 그 중요성을 강조하고 있다.

"너는 크게 은총을 입은 자라. 그런즉 너는 이 일을 생각하고 그 이상을 깨달을지어다"(단9:23)

"은총을 크게 받은 사람 다니엘아, 내가 네게 이른 말을 깨닫고 일어서라"(단10:11)

이 말씀들 속에는 성도들이 주님께 받는 축복이 다양하지만 그 중에서도 먼저 중요한 것이 깨달음이란 사실을 강조하고 있는 것이다.

어떻게 우리가 지혜와 깨달음이 넘치는 삶을 살아갈 수 있을까? 그 사실이 잠언 2:2~5절에 있다.

"네 귀를 지혜에 기울이며 네 마음을 명철에 두고 지식을 불러 구하고 명철을 얻으려고 소리를 높이며, 은을 구하듯이 지혜를 구하며 감추어진 보배를 찾듯이 찾으면 하나님 경외하기를 깨닫게 되고……."

곧 지혜와 깨달음을 얻는 것이 보물과 은을 얻듯이 값진 것을 명심하고 늘 지혜를 얻기 위하여 간절히 찾고 구하면 결국 지혜의 근본이신 하나님을 알게 되므로 신령한 지혜를 얻게 된다는 말씀이다.

잠언 4:6~9에는 지혜의 소중함이 요약되어 있다. 이 말씀을 영어 성경으로 보면, 지혜를 의미하는 명칭이 10번 기록되어 있는데 모두 여성형 명사로 기록되어 있다.

그 이유는 무엇일까?

남자가 여자를 사랑하듯이. 모든 성도는 평생 동안 하나님의 지혜를 아끼고 사랑하라는 말씀이다. 우리는 그 사실을 잠언 4:8을 통하여 알 수 있다.

"만일 그를 품으면 그가 너를 영화롭게 하리로다"

이 말씀에서 '품으면' 은 영어로 embrace인데 그 뜻은 뜨겁게 포옹하는 것을 말한다.

35. 예수님은 기적을 베풀기전 불쌍히 여기셨다.

●마태복음 14:14~21 예수께서 나오사 큰 무리를 보시고 불쌍히 여기사 그 중에 있는 병인을 고쳐 주시니라 저녁이 되매 제자들이 나아와 가로되 이곳은 빈 들이요 때도 이미 저물었으니 무리를 보내어 마을에 들어가 먹을 것을 사먹게 하소서 … 제자들이 가로되 여기 우리에게 있는 것은 떡 다섯 개와 물고기 두 마리 뿐이니이다 가라사대 그것을 내게 가져오라 하시고 … 축사하시고 떡을 떼어 제자들에게 주시매 제자들이 무리에게 주니 다 배불리 먹고 남은 조각을 열 두 바구니에 차게 거두었으며 먹은 사람은 여자와 아이 외에 오천 명이나 되었더라

오늘 말씀은 예수께서 이 땅에 계실 때 행하신 기적중 하나로 보리떡 다섯 개와 물고기 두 마리로 오천 명을 먹이고도 열두 광주리 남았던 오병이어의 기적에 대한 내용이다.

어떻게 이런 기적이 일어날 수 있었을까? 물론 그것은 예수님의 신적인 능력 때문이지만 그 결정적인 동기는 마태복음 14:14에 기록 된 '불쌍히 여기사'라는 말씀에서 찾아볼 수 있다. 너무나 불쌍히 여기신 사랑 때문에 주님의 마음과 손이 움직인 것이다. 그 사실을 칠병이어의 기적에서도 찾아 볼 수 있다.

"예수께서 제자들을 불러 가라사대 내가 무리들을 불쌍히 여기노라 저희가 너희와 함께 있은 지 삼일이 지났는데 먹은 것이 없구나. 돌아가다가 기운이 없어서 쓰러 질 것 같으니 굶은 채로 보내지 못 하겠노라"(마15:32)

이 말씀에서 불쌍히 여긴다는 말의 의미는 '내장이 뒤틀릴 정도의 깊은 연민과 아픔'을 말하며 너무 불쌍해서 도와주지 않고는 견딜 수 없는 마음을 말한다. 성경을 보면 예수님은 기적을 베풀기 전에 먼저 불쌍히 여기셨다. 거라사 지

방의 무덤가에 살던 군대 귀신들린 사람을 치료할 때도 불쌍히 여기셨다.

"허락지 아니하시고 저에게 이르시되 집으로 돌아가 주께서 네게 어떻게 큰 일을 행하사 너를 불쌍히 여기신 것을 네 친속에게 고하라 하신대"(막5:19)

나인성 과부의 죽은 외아들을 살리신 것도 불쌍히 여기셨기 때문이다(눅7:13).

우리는 이 모든 말씀을 통하여 성경에 기록된 많은 기적들은 주님께서 불쌍히 여기셨기 때문에 다가온 것을 알 수 있다. 그러므로 기적을 체험한 많은 사람들은 예수님께 도움을 구할 때 '나를 불쌍히 여기소서.'라고 외친 것이다. 귀신들린 딸을 둔 가나안 여자도(마15:22), 간질병 걸린 소년의 아버지도 변화산 아래에서 그렇게 기도했다.

"주여 내 아들을 불쌍히 여기소서 저가 간질로 심히 고생하여 자주 불에도 넘어지며 물에도 넘어지는지라"(마17:15)

누가복음15장에는 유명한 탕자의 비유가 기록되어 있다. 아버지의 재산 중에서 자기 몫을 먼저 챙긴 후 먼 나라에 가서 모두 탕진한 후 빈 손으로 돌아 온 한심한 아들……. 그러나 꾸짖지 않으시고 용서하며 반갑게 맞이하는 아버지의 모습은 죄 많은 인간들을 끝까지 용서하시는 하나님의 끝없는 사랑을 의미한다. 이 이야기 중에서 가장 감동적인 말씀은 눅15:20이다.

"아직도 거리가 먼데 아버지가 저를 보고 측은히 여겨 달려가서 목을 안고 입을 맞추니……"

여기에서 측은히 여긴다는 말씀이 바로 불쌍히 여긴다는 말씀이다.

그런데 이 만남 속에서 중요한 것은 먼저 서로를 알아보는 것이 아들이 아니라 아버지라는 사실이다. 아들은 아버지를 떠난 뒤 쾌락에 빠지면서 아버지를 완전히 잊어버렸지만 아버지는 아들이 집을 나간 뒤 한순간도 아들을 잊어버린 적이 없었다. 결국 아들이 돌아올 것을 믿었던 아버지는 매일 동구 밖에서 기다렸기에 먼저 아들을 볼 수 있었다. 먼저 달려간 것도 젊은 아들이 아니라 늙은 아버지였는데 이것은 자식을 너무 사랑하기에 체면까지 버린 뜨거운 사랑 때문이었다.

또한 냄새나는 아들을 껴안고 입을 맞춘 것은 지난 날 아들이 지었던 모든 죄를 용서할 뿐만 아니라, 이제 아버지와 아들의 관계가 완전히 회복된 것을 뜻한다.

이 놀라운 사랑의 이야기는 복음의 핵심 내용이며 아담의 죄로 멸망에 빠진 우리를 구원하시기 위하여 십자가에서 죽으신 예수님의 사랑을 의미한다.

"자기 아들을 아끼지 아니하시고 우리 모든 사람을 위하여 내어주신 이가 어찌 그 아들과 함께 모든 것을 우리에게 은사로 주지 아니하시겠느뇨"(롬8:32)

구약성경을 보면 하나님은 사랑이시며 사랑의 본질은 '불쌍히 여기는 마음'인 것을 알 수 있다.

"아버지가 자식을 불쌍히 여김같이 여호와께서 자기를 경외 하는 자를 불쌍히 여기시나니 이는 저가 우리의 체질을 아시며 우리가 진토(먼지와 흙)**임을 기억하심이라"**(시103:13~14)

이 고백 속에는 신앙생활의 두 가지 핵심내용이 들어있다.

① 하나님은 크신 능력의 주님이시지만 한편으로는 사랑과 긍휼이 많으신 좋으신 하나님이란 사실이다. 다윗은 하나님과 자신의 관계를 아버지와 아들의 관계로 설명하고 있는데, 그 사랑의 관계는 언제나 다윗과 하나님을 하나로 연합하게 해주는 믿음의 원동력이었다.

② 하나님은 전능하신 분이지만 다윗은 자신이 '먼지와 티끌'처럼 연약한 존재임을 고백하고 있는데, 이 귀한 깨달음은 평생 동안 다윗을 겸손하게 하고 주님을 경외하는 믿음의 바탕이 된 것이다.

36. 하나님의 음성을 듣는 비결

●누가복음 3:21~22 백성이 다 세례를 받을쌔 예수도 세례를 받으시고 기도하실 때에 하늘이 열리며 성령이 형체로 비둘기 같이 그의 위에 강림하시더니 하늘로서 소리가 나기를 너는 내 사랑하는 아들이라 내가 너를 기뻐하노라 하시니라

성경을 보면 하나님은 택한 사람들에게 오랜 세월동안 계속 말씀하셨다. 개인적으로는 아브라함과 모세에게 직접 말씀하셨고, 민족적으로는 이스라엘 백성에게 십계명을 주시며 말씀하셨다. 때론 선지자를 통하여 말씀하셨고, 때론 당나귀를 통하여 말씀하셨다.

"여호와께서 나귀 입을 여시니 발람에게 이르되 내가 네게 무엇을 하였기에 나를 이같이 세번을 때리느뇨"(민22:28)

이 사실을 통하여 하나님은 그 뜻과 계획을 먼저 말씀하시며 주의 자녀들과 교제하기 원하시는 것을 알 수 있다.

사무엘상 3:10을 보면 하나님은 어린 사무엘을 세 번 부르시지만 아직 어린 탓에 주님의 음성과 사람의 목소리를 구별하지 못하므로 대답을 하지 못했다. 그러나 네 번째 부르실 때는 주의 음성인 것을 깨닫고 이렇게 대답한다.

"말씀만 하옵소서, 제가 듣겠나이다."

사무엘이 위대한 선지자가 될 수 있었던 중요한 이유는 주님의 음성을 듣고 깨달은 것임을 알 수 있다.

그런데 하나님은 어떤 방법으로 말씀하실까?

① 직접 음성으로

하나님은 아브라함을 부르실 때 "아버지 집을 떠나라, 지시하는 땅으로 가라 복의 근원이 되라"고 말씀하셨고, 예수님도 베드로를 부를 때 "나를 따르라"고 말씀하셨다.

② 성경 말씀을 통하여

우리가 성경을 읽으면 많은 말씀과 많은 사건 및 많은 믿음의 사람들의 모습을 보면서 하나님의 기뻐하시는 뜻을 발견 할 수가 있다. 또한 말씀을 보고 들을 때 깨달음이 오고 마음이 뜨거워지는 은혜를 통하여, 주님께서 우리 영혼에 1:1로 찾아오시는 경험을 하게 된다.

③ 꿈과 환상을 통하여

요셉이 감옥에서 풀려나 애굽의 국무총리가 될 수 있었던 것은 왕의 꿈을 해석했기 때문이며, 노예로 끌려간 다니엘이 바벨론의 총리가 될 수 있었던 것도, 왕이 꿈에 보았던 금신상의 환상을 해석했기 때문이였다.

④ 간절한 기도를 통하여

갈멜산에서 목숨 걸고 기도한 엘리야를 통하여 하나님은 "누가 참된 신인가?"를 분명히 나타내셨고, 눈물로 기도한 예레미야를 통하여 바벨론에 포로로 끌려갈 이스라엘 백성들을 위로 하셨다.

⑤ 주위 사람을 통하여

로마의 장교인 고넬료 가족을 통하여 이방인 선교의 문을 활짝 열기 위해서 하나님은 놀라운 일을 행하신다. 50Km 떨어진 곳에 살고 있던 베드로에게 "보자기 환상"을 보여 주시고 그 뜻을 깨닫게 하심으로 이방인 전도를 꺼림칙하게 생각하던 베드로가 편견을 버리고 고넬료 가정을 찾아가서 말씀을 전하고 물과 성령으로 세례를 주게 되는 것이다.

나는 26살 때 큰 교통사고를 당했다.

주의 종이 되지 않으려고 해외로 출국을 준비하던 어느 날, 경주용 자전거를 타고 임진각을 다녀오다가 마주오던 트럭과 충돌을 한 것이다.

콩팥 하나, 췌장 끝, 비장을 떼어내고 허벅지는 골절이 되었으며, 의식을 회복한 것이 한 달 뒤였고, 입원 날짜가 360일이 넘었다.

계속되는 수술과 금식으로 지친 채 중환자실에서 깊은 잠이 들어있던 어느 날, 비몽사몽 중에 침대 위 천정에서 큰 손이 내려 왔는데, 그 손에는 큰 잉어가 잡힌 채 퍼덕거리고 있었다. 잠시 후 그 손이 능숙하게 잉어를 요리하는데……. 비늘을 벗기고. 지느러미는 잘라내고, 배를 가른 뒤 내장을 꺼내어 버리고, 깨끗한 물에 씻은 후 뜨거운 기름에 튀긴 다음, 큰 잔칫상에 올려놓는 것이다. 비록 짧은 시간 이였지만 나는 그 꿈이 평범한 꿈이 아닌 것을 직감할 수 있었다. 왜냐하면, 잉어의 모습과 그때 '침대에 누워있던 내 모습'이 똑같았기 때문이다. 큰 손은 하나님, 잉어는 반항하던 내 모습, 비늘과 지느러미는 내가 좋아하던 세상줄, 내장은 나의 혈기와 고집, 깨끗한 물은 생명의 말씀, 끓는 기름은 "성령의 불"…….

그런데, 그때 나는 '큰 잔칫상'이 무엇을 의미하는지 알 수가 없었다. 세월이 약 15년 지난 뒤 내가 여의도 순복음교회 대교구장이 되어 조용기 목사님이 설교하시는 강대상에서 주일 설교를 하기 위하여 기도할 때, 주님은 내 마음에 말씀하셨다. "지금 이곳이 지난날 네가 중환자실에서 봤던 환상속의 큰 잔칫상 이니라"

하나님은 한 부족한 청년을 사랑하시고 주의 종으로 세우기 원하셨다. 그러나 청년은 거부했고 주님은 그에게 큰 고통을 주신다. 주님의 깊은 뜻을 알 수 없었던 청년은 절망에 빠지지만, 주님께서 그 영혼에 놀라운 환상으로 큰 감동을 주심으로 그 은혜를 의지하여 일어나게 하시고 말세에 사용하고 계신 것이다.

그러면 하나님의 음성을 듣는 비결은 무엇일까?

① 회개하라.

인간이 타락하기 전에는 에덴동산에서 하나님과 인간이 직접 대화를 했지만, 타락한 뒤에는 주님의 음성을 듣는 기관인 "영"이 죽음으로 주님과의 관계는 끊어졌다. 그런즉 인간이 주님의 음성을 듣기 위하여 가장 힘쓸 것은 회개다.

② 조용한 곳으로 가라.

주님은 그 자녀를 1:1로 만나기 원하시지만, 우리는 주님 앞에 나가는 것을 사람을 만나는 것보다 싫어한다. 그러므로 때론 고통을 허락하심으로 삶의 발걸음을 멈추게 하시고 자신의 삶을 돌아본 뒤에 주님께 나오게 하신다.

③ 성경을 묵상하라.

주님의 음성을 듣는 가장 확실한 통로는 '진리의 말씀'이므로 우리가 가장 힘써야 할 것은 말씀 앞에 무릎을 꿇는 것이다.

④ 성령을 의지하라.

주님의 음성을 듣고 깨닫는 것은 인간의 노력이 아니라, 성령의 감동으로만 가능하다.

⑤ 악한 영을 쫓으라.

빛이 있는 곳에 어둠이 깃들듯이 주님의 은혜를 찾을 때 어둠의 영도 다가와서 의심과 낙심을 하게 한다. 그때는 즉시 예수 이름으로 쫓아야 한다.

⑥ 끝까지 인내하라.

주님은 그 자녀에게 여러 방법으로 말씀 하시지만, 그 '때와 시간'은 대부분 미래에 대한 것이므로 끝까지 기도하는 사람에게 그 뜻이 이루어진다.

37. 가장 모범적인 기도, 예수님의 기도

●누가복음 5:15~17 예수의 소문이 더욱 퍼지매 허다한 무리가 말씀도 듣고 자기 병도 나음을 얻고자 하여 모여 오되 예수는 물러가사 한적한 곳에서 기도하시니라 하루는 가르치실 때에 … 병을 고치는 주의 능력이 예수와 함께하더라

성경에는 많은 감동적인 기도의 모습이 기록되어 있는데, 가장 모범이 되는 것은 예수님의 기도 모습이다.

그 이유는 하나님의 뜻을 가장 잘 아는 분도 예수님이며, 인간의 고통과 슬픔을 가장 잘 아는 분도 예수님이기 때문이다.

1. 예수님께서 기도하신 목적은 무엇일까?

① 하나님의 뜻을 이루시기 위하여

예수께서 '주기도문'에 이렇게 말씀하셨다.

"뜻이 하늘에서 이루어 진 것 같이 땅에서도 이루어지이다."

겟세마네 동산에서는 이렇게 기도하셨다.

"나의 뜻대로 마시고 아버지의 뜻대로 하옵소서."

우리는 이 말씀을 통하여 기도의 참된 목적은 내 뜻을 이루는 것이 아니라 하나님의 뜻을 이루는 것이며, 먼저 주님을 기쁘게 해 드릴 때 우리의 기도도 응답되는 것을 알 수 있다.

② 중요한 일을 앞두고

예수께서 12제자를 세우시기 위하여 밤새 기도하시는 모습이 누가복음

6:12~13에 기록되어있다.

왜 많지도 않은 일꾼을 세우면서 밤을 새워 기도하신 것일까?

이 열두 사람의 선택 속에 전 세계 복음화의 성패가 달려있기 때문이다.

③ 큰일을 하신 뒤에 새 힘을 얻기 위하여

누가복음 5:15~16에는 희한한 말씀이 기록되어 있다.

예수님의 말씀도 듣고 병도 고치기 위하여 많은 군중들이 몰려 왔는데 주님은 반갑게 맞이하지 않고 피하여 물러가신다.

그 이유는 무엇일까? 그 해답이 16절 후반부에 있다.

"한적한 곳에서 기도하시기 위하여"

예수님은 메시아이기에 영적으로는 지치지 않으시지만, 육체를 입으셨기에 많은 일을 하신 뒤에는 피곤하셨다. 그러므로 계속 병자를 치료하는 것도 중요하지만 잠시 휴식을 취하면서 새로운 사역을 위해 충분한 힘을 얻으려고 한적한 곳으로 가신 것이다. 우리는 그 사실을 누가복음 5:16의 앞부분과 뒷부분의 말씀을 자세히 살펴보면 알 수 있다. 앞에는 베드로의 빈 배에 물고기로 가득 채우시는 기적과 문둥병자의 치료에 대한 기록이 있고, 뒤에는 들것에 실려 온 중풍병자를 고치신 기적이 기록되어 있기 때문이다.

그런데 우리가 주목할 것은 예수께서 잠시 기도하신 뒤에 어떤 일이 일어났는가에 대한 것이다. 그 내용이 누가복음 5:17의 하반부에 기록되어 있다.

"병을 고치는 능력이 예수와 함께 하였더라"

곧 간절한 기도를 통하여 새 힘과 능력을 얻으신 것이다.

2. 예수님의 기도에는 어떤 특징이 있을까?

① 기도와 시간

예수님은 새벽미명에 기도하셨고(막1:35), 밤새도록 기도하셨다.(눅6:12)

예수님은 기도 하실 때 새벽이나 밤중이나 그 시간에 구애를 받지 않으셨으며 특히 세상이 잠들어 있는 고요하고 집중이 잘되는 시간을 많이 사용하셨다.

② 기도와 장소

예수님은 '한적한 곳'에서 (막1:35), '산에 올라가셔서' (눅6:12), '광야'에서 (마4:1) '골방'에서(마6:6) 기도하셨다. 기도는 하나님과의 영적 대화였기에 장소의 제한을 받을 필요는 없었다.

③ 기도와 방법

예수님은 기도하실 때 어떤 형식에 매이지 않고 자유롭게 기도하셨다.

겟세마네 동산에서는 간절하게. 골방에서는 은밀하게, 때론 통곡과 눈물로(히5:7). 때로는 금식하시며, 기도하셨다.

3. 예수님이 가르쳐 주신 기도의 교훈 7가지

① 기도의 대상에는 제한이 없다.

"네 원수를 사랑하며 너를 핍박하는 자를 위하여 기도하라"(마5:44)

참된 기도는 내 마음에 드는 사람만을 위하여 기도 하는 것이 아니라 고통을 주는 사람을 위하여도 기도하는 것이다.

② 기도의 핵심은 하나님의 뜻을 찾는 것이다.

"기도 할 때는 이방인 같이 중언부언 하지 말라"(마6:7)

기도의 핵심은 말을 많이 하는 것이 아니라, 주님의 뜻에 맞게 하는 것이 가장 중요하다.

③ 기도는 풍성한 축복의 비결이다.

"구하는 자는 얻을 것이요, 찾는 자가 찾을 것이요, 두드리는 자에게 열릴 것이니라."

④ 기도 응답은 분명한 고백을 통하여 다가온다.

"다윗의 자손 예수여 나를 불쌍히 여기소서."

4복음서에서 기적을 체험한 많은 사람들은 예수님이 누구인지 분명히 알았다.

⑤ 기도는 영적으로 깨어 있는 증거다.

예수님은 겟세마네 동산에서 기도 하실 때 제자들이 깊이 잠이든 것을 보시고 안타깝게 말씀하셨다.

"너희가 한시라도 깨어 있을 수 없더냐? 시험에 들지 않게 깨어 있어 기도하라"

⑥ 기도만큼 중요한 것은 기도드린 후 기다리는 것이다.

"기도하고 구한 것은 받은 줄로 믿으라. 그리하면 그대로 되리라"(막11:24)

기도의 응답은 내가 기도한 것으로 끝내는 것이 아니라, 주님이 응답할 때 끝이 나는 것이므로 기도한 뒤에 소망을 잃지 말고 끝까지 인내해야 한다.

⑦ 기도의 큰 장애물은 낙심하는 것이다.

"기도 후에 일어나 제자들에게 가서 슬픔 때문에 잠이 든 것을 보시고"(눅22:45)

왜 제자들은 예수께서 십자가 고난을 앞두고 간절히 기도하시는 중요한 때에 모두 다 졸고만 있는 것일까? 그 이유는 예수님을 사랑하지 않기 때문이 아니라 주님과 이별하는 슬픔과 두려움을 이기지 못하므로 낙심하는 영적인 잠에 빠졌기 때문이다. 우리가 기도할 때 때때로 마음이 어두워지거나 영적으로 눌릴 때는 즉시 악한 영을 쫓아야 한다.

38. 성도의 영광은 제자의 길을 걷는 것이다.

●누가복음 9:51~53 예수께서 승천하실 기약이 차가매 예루살렘을 향하여 올라가기로 굳게 결심하시고 사자들을 앞서 보내시매 저희가 가서 예수를 위하여 예비하려고 사마리아인의 한 촌에 들어갔더니 예수께서 예루살렘을 향하여 가시는고로 저희가 받아 들이지 아니하는지라

예수께서 세상에 계실 때 따르는 사람들이 많이 있었는데 3종류로 구분하 수 있다.

① 군중들

그들의 관심은 예수님이 아니라 기적에 대한 호기심 이였으며 그 숫자는 수만 명 이였다(눅12:1). 이 사람들 중 많은 사람이 오병이어의 기적에 참여했지만 예수께서 **"내가 생명의 떡이다"**라고 말씀하자 이해 할 수 없는말을 한다며 떠나갔다(요 6:41~42).

② 하나님의 자녀

예수님의 말씀을 듣고 순수하게 구세주로 믿은 사람들과 큰 질병이나 고통 속에서 예수님을 통하여 기적을 체험한 사람들이 여기에 속한다.

③ 제자

예수님의 삶과 교훈에 큰 감동을 받고 주님 곁을 떠나지 않은 소수의 사람들이다. 비록 예수를 부인하고 도망갔지만 곧 회개한 후에 죽도록 충성했던 제자들과 성령의 불을 받고 거센 핍박을 이기며 충성했던 초대 교회의 많은 일꾼들이 여기에 속한다. 특히 예수께서 십자가에 죽으실 때 끝까지 그 곁에 있던 거룩

한 여인들도 여기에 속한다.

"제자의 길과 도"에 대한 내용은 사복음서에 집중적으로 기록되어 있는데 우리가 주목할 말씀은 누가복음 9:51~19:27이다.

이 말씀은 예수께서 십자가에 죽으시기 위하여 공생애 마지막으로 예루살렘에 올라가는 길목에서 제자들에게 말씀하신 주옥같은 교훈들이다.

예수께서 '제자훈련'을 이렇게 강조하신 이유는 ①주님께서 세상을 떠날 때가 가까워진 이유도 있지만, ②앞으로 제자들이 복음을 전파하고 교회를 세울 사명이 너무 컸기 때문이었다.

그러면 예수께서 가르치신 제자 훈련의 내용은 무엇 이였을까?

①환영대신 다가오는 배척 (눅 9:53~55)

②영적인 우선순위 (9:56~62)

③전도와 경계할일 (10:17~20)

④이웃을 향한 참된 사랑 (10:25~37)

⑤봉사의 참된 자세 (10:38~42)

⑥기도의 모범과 원리 (11:1~13)

⑦위선에 대한 책망 (11:37~52)

⑧탐심의 경계 (12:13~21)

⑨재림과 깨어있으라 (12:35~48)

⑩겸손의 중요성 (14:7~11)

⑪자기 부인과 십자가 (14:25~27)

⑫한 영혼의 귀중함 (15:1~24)

⑬재물의 올바른 사용 (16:19~28)

⑭용서에 대한 교훈 (17:3~4)

⑮은혜와 감사 (17:11~19)

⑯천국의 본질과 특징 (17:20~21)

제자라는 말은 그리스어로 "마데테스"로써 스승의 사상과 행동 및 삶을 배우고 따르는 것이다. 신약 성경에 이 단어가 269회 기록된 것으로 보아 이 단어가 얼마나 중요한가를 알 수 있다. 그런데 영어로 제자(disciple)라는 단어는 훈련(discipline)이란 단어와 어근이 같은 것으로 예수님의 제자가 되기 위해서는 반드시 많은 영적 훈련을 쌓아야 함을 의미한다.

왜 예수님의 제자가 되려면 많은 훈련을 쌓아야 할까?

제자의 길을 걷는 다는 것은 예수님이 걸어가신 길을 따라감을 말한다. 그 길은 분명 영광의 길이지만 그 반면 고난의 좁은 길이다. 그 고난은 외적인 핍박과 오해, 많은 장애물과 경제적 어려움, 악한 마귀의 공격과 내적인 외로움까지 포함한다.

예수님은 구원받은 성도들이 천국을 가는 것만이 아니라 이 땅에서 제자의 길을 걷기 원하신다. 물론 그 길은 쉬운 길이 아니다. 그렇지만 예수를 위하여 묵묵히 충성하며 복음 전파와 이웃 사랑에 힘쓰는 일꾼들이 많을 수록 이 땅에는 하나님의 영광이 가득하게 되는 것이다. 주님은 이 일을 위하여 우리에게 보혈의 은총과 진리의 말씀, 성령의 능력과 많은 축복들을 허락하셨고 언제나 우리와 함께 계시겠다고 약속하신 것이다.

제자의 도로 유명한 영국의 존 스토트 목사는 이런 말을 했다.

'교회를 이루는 첫 번째 은혜는 사랑입니다. 그러나 교회를 이루는 두 번째 은혜는 고난입니다. 어떤 사람을 진심으로 사랑한다면 그 사랑 때문에 다가오는 고통도 기쁨이 됩니다. 그러므로 예수님과 교회를 섬길 때 다가오는 고통을 잘 견디는 것이 예수님을 사랑하는 증거입니다.'

제자의 도로 유명한 미국의 댈러스 윌라드 교수는 이런 말을 했다.

'이 세상에는 크리스천과 제자가 있습니다. 크리스천은 예수를 구세주로 고백하는 사람입니다. 그러나 고백한다고 해서 다 제자가 되는 것은 아닙니다. 왜냐하면 제자는 스승을 따라야 하고, 같이 있어야 하며, 함께 걸어 가야하기 때문입니다. 제자가 되기 위하여서는 3가지 고통이 필요합니다.

①자기부인 (찢음) ②겸손 (비움) ③회개 (돌이킴)

그런데 오늘날 많은 크리스천들은 이 3가지가 없어도 잘 살고 있습니다.

이것이 바로 이 시대의 비극입니다. 그 이유는 제자가 되지 않고서는 참된 크리스천이 될 수 없기 때문입니다.'

39. 구약의 믿음의 사람들과 예수님의 얼굴

●요한복음 5:39 너희가 성경에서 영생을 얻는줄 생각하고 성경을 상고하거니와 이 성경이 곧 내게 대하여 증거하는 것이로다

창세기 1장~2장에는 하나님이 만물을 창조하시는 모습이 기록되어 있다.

그 핵심은 인간의 창조였다. 그 이유는 하나님은 영이시기에 세상을 직접 다스리지 않고 영적인 존재인 인간을 통하여 다스리기를 원하셨기 때문이다. 그러나 인간은 하나님께 불순종했고, 그 결과 죽음에 이르게 된다. 이제 인류의 앞날은 어떻게 되는 것일까? 그 궁금증에 대한 대답이 진리의 성경 말씀이며 그 해답이 예수님의 십자가를 통한 구원이다.

구약 성경에 기록된 예수님의 모습은 마치 그림자 같이 숨어 있기에 밝게 드러나지는 않지만 믿음의 눈이 있는 성도에게는 분명히 보일 정도로 그 내용도 풍부하고 의미도 확실하다. 우리는 몇 가지 내용으로 그 사실을 확인할 수 있다.

1. 성경 말씀을 통하여

구약 성경에는 예수님에 대한 내용이 많이 기록되어 있는데. 특히 이사야서에 집중적으로 기록되어 있다. 이 책에는 약 700년 뒤에 오실 예수님의 탄생과 고난, 부활과 승천까지 자세하게 기록되어 있으므로 이사야서는 신약 성경 4복음서 이외의 또 하나의 복음서라는 의미로 '제5복음서'로 불려지고 있다. 그 대표적인 말씀이 이것이다.

"그가 찔림은 우리의 허물을 인함이요, 그가 상함은 우리의 죄악을 인함이라, 그가

징계를 받음으로 우리가 평화를 누리고, 그가 채찍에 맞음으로 우리가 나음을 입었도다"(사53:5)

이 말씀에서 '그' 는 단수로써 예수님을 의미하며 '우리'는 복수로서 이 땅위의 죄많은 인간들을 말한다.

2. 많은 사건을 통하여

홍수 심판때 노아와 가족을 구원한 방주는 훗날 우리를 구원하실 예수를 상징하며, 아브라함이 이삭을 번제로 드린 것은 예수님의 대속적인 죽음을 상징한다. 유월절 어린양의 사건도 예수님의 십자가 사건을 상징하며 광야에서 이스라엘 백성에게 만나를 내린 것도 예수께서 생명의 떡이 되심을 의미한다.

큰 바위에서 생수가 흘러난 것도 훗날 예수께서 몸을 깨뜨려 생명수를 공급하실 것을 상징하며, 아론의 싹 난 지팡이는 예수님의 부활을 상징하고, 광야의 구리 뱀도 예수님의 십자가를 통한 치유를 의미한다.

3. 믿음의 사람들의 모습을 통하여

아브라함의 철저한 순종, 요셉의 고난과 영광의 삶, 모세의 놀라운 리더십, 여호수아의 담대함, 다윗의 경외함과 기도, 느헤미야의 충성, 예레미야의 눈물, 욥의 고난과 인내……. 이 모든 것이 예수님의 사역과 삶을 상징한다.

그런데 구약성경의 많은 인물 중에서 예수를 가장 닮은 사람은 다윗이다.그 사실은 예수 오시기전 약 천년전 사람인 다윗의 고백으로 알 수 있다.

"내 하나님이여, 내 하나님이여, 어찌하여 나를 버리셨나이까?"(시22:1)

"내 겉옷을 나누며 속옷을 제비 뽑았나이다."(시22:18)

우리는 이 모든 사실을 통하여 이런 결론을 내릴 수 있다.

"구약 성경에 기록된 많은 믿음의 사람들의 얼굴을 모자이크(mosaic)하면 예수님의 얼굴이 보인다."

성경은 66권으로 기록되어 있고 그 내용이 각각 다르므로 66개의 아름다운 산과 봉우리로 설명 할 수 있다. 그런데 그 모든 산과 봉우리 중에서 가장 높은 산봉우리는 하나뿐이다. 마치 히말라야 산맥에는 8000m가 넘는 고봉들이 많지만, 가장 높은 산봉우리는 에베레스트 하나 뿐 이듯이.......

결국 그 많은 봉우리는 에베레스트 산 하나를 받쳐 주기 위하여 병풍처럼 존재한다고 해도 과언이 아니다. 성경도 마찬가지다. 성경을 읽으면 많은 사람과 사건들을 만나게 되는데, 그때 가장 중요한 것은 예수님을 발견 하는 것이다. 왜냐하면 성경은 하나님께서 오랜 인류의 역사를 배경으로 기록하신 책이기에 수많은 사람들이 등장하고 사라지는데, 그들은 모두 한 시대에 필요한 '조연'일 뿐이며, 어느 시대나 '빛나는 주인공'은 오직 한분 예수님뿐이기 때문이다.

"다른이로서는 구원을 얻을 수 없나니 천하 인간에 구원을 얻을만한 다른 이름을 우리에게 주신 일이 없음이니라 하였더라"(행4:12)

구약 성경에는 이 세상에 오실 예수님에 대한 예언이 약 300회 기록되어 있다. 이 사실은 구약 성경의 핵심이 무엇인가를 단적으로 말해주고 있다. 그러므로 위대한 종교 개혁자인 M.루터는 이렇게 말했다.

"우리는 성경 어디에서나 예수 그리스도를 발견 할 수 있다."

40. 기적의 목적은 기적 자체가 아니다.

●요한복음 6:26~27 예수께서 대답하여 가라사대 내가 진실로 진실로 너희에게 이르노니 너희가 나를 찾는 것은 표적을 본 까닭이 아니요 떡을 먹고 배부른 까닭이로다 썩는 양식을 위하여 일하지 말고 영생하도록 있는 양식을 위하여 하라 이 양식은 인자가 너희에게 주리니 인자는 아버지 하나님의 인치신 자니라

성경에는 많은 기적이 기록되어 있는데, 예수께서 이 땅에서 사역 하셨던 짧은 시간과 비교하면 그 기적들의 내용과 감동은 매우 놀랍다.

예수께서 이렇게 많은 기적을 행하신 목적은 무엇일까?

① 예수께서 메시아이심을 알게 하려고

기적은 인간의 힘으로는 불가능한 일이 일어나는 것이다. 풍랑을 잠잠케 하고 죽은 사람을 살리는 것은 더욱 그렇다. 결국 예수께서 많은 기적을 행하심은 구세주 되심을 증명하는 것이다.

② 하나님의 영광을 나타내려고

기적의 목적 중에서 한 가지는 하나님의 살아 계심과 영광을 나타내기 위함이다. 가버나움의 중풍병자의 치료(막22:12), 나인성 과부의 죽은 아들을 살리심(눅7:16), 귀신들려 18년간 꼬부라졌던 여인이 치료(눅13:13), 죽은 나사로의 부활(요11:4)의 사건에는 공통적으로 "하나님께 영광을 돌리더라."는 말씀이 기록되어 있다.

③ 하나님 자녀를 고통에서 건지려고

예수께서 귀신들린 자를 고치시고 많은 병자들을 낫게 하신 것은 고통 속에서 신음하는 성도들을 건지시고 자유케 하시려는 놀라운 사랑 때문이다.

④ 놀라운 소식을 세상에 전하려고

예수를 만남으로 기적을 체험한 많은 사람들은 그 감격을 이웃에게 전파 했으며, 그 감동이 컸던 기적들은 그 자체로 많은 사람들에게 놀라운 하늘나라 소식 이였다.

사복음서에 모두 기록된 오병이어의 기적은 유명하다.

이 기적의 목적이 단순하게 굶주린 많은 사람들을 배부르게 먹이는 것뿐 이였을까? 성경은 그렇게 말씀하시지 않는다.

"썩을 양식을 위하여 일하지 말고 영생하도록 있는 양식을 위하여 하라"(요6:27)

그러면 예수께서 이 기적을 행하신 목적은 무엇일까?

예수님이 이 광야 같은 세상에서 '생명의 떡'이 되심을 깨닫게 하기 위한 것이다. 곧 구약 시대에 광야에서 굶주리던 수많은 이스라엘 백성을 만나로 먹이신 그 하나님이 인간의 모습으로 세상에 오신 것을 알게 하기 위함이다. 우리는 그 사실을 요한복음 6장에 계속 반복적으로 기록된 말씀을 통하여 알 수 있다.

"내가 곧 생명의 떡이니……"(요6:35)

"나는 하늘로서 내려온 산 떡이니 사람이 이 떡을 먹으면 영생하리라 나의 줄 떡은 곧 세상의 생명을 위한 내 살이로라 하시니라"(요6:51)

물론 이 은혜는 예수께서 십자가에 죽으신 뒤에 이루어진다. 그러나 안타까운 것은 이 놀라운 기적을 눈으로 보고, 떡까지 먹었던 많은 사람들이 예수님의 말씀과 뜻에는 관심도 없이 떠나간 것이다. 더욱이 12제자들까지 믿음이 흔들리게 되자 예수님은 이렇게 질문하신다.

"너희도 가려느냐?"(요6:67)

제자들조차도 기적의 참된 의미를 몰랐던 것이다.

고린도전서 1:22~23절에는 이런 말씀이 있다.

"유대인은 표적을 구하고 그리스인은 지혜를 찾으나, 우리는 십자가에 못 박힌 그리스도를 전파하니......"

표적은 눈으로 볼 수 있는 기적을 말하며 유대인들은 여러 번 예수께 나와서 기적을 구했다. 그들은 항상 증거를 요구 했는데, 그 이유는 하나님은 항상 역사 속에서 기적과 능력으로 자신을 나타내는 분으로 생각했기 때문이다. 그러므로 인류의 죄를 위하여 십자가에 죽으시는 예수님을 그들은 도저히 이해 할 수가 없었다. 그들의 눈에는 예수님의 모습이 무력한 패배자로만 보였기 때문이다. 사도 바울은 오늘 그 사실을 지적하면서 기독교 신앙에도 때론 기적이 필요한 것은 사실이지만, 결코 그 기적 자체가 신앙의 목적이 되는 것은 경계해야 함을 강조하고 있다.

성경에는 많은 기적이 기록되어 있다. 그러므로 일본의 유명한 성경학자인 우치무라 간조는 이런 말을 했다.

"성경에서 기적을 빼고 나면 남는 것은 앞장과 뒷장뿐이다."

그런데 그 많은 기적 중에서 가장 놀라운 기적 두 가지는

①하나님이 인간의 모습으로 이 죄 많은 세상에 오신 것과

②십자가에 못 박혀 죽으시고 사흘 만에 부활하심으로 우리의 영원한 소망이 되신 것이다.

41. 예수 이름 안에 있는 놀라운 은총

●요한복음 16:23~24 그 날에는 너희가 아무 것도 내게 묻지 아니하리라 내가 진실로 진실로 너희에게 이르노니 너희가 무엇이든지 아버지께 구하는 것을 내 이름으로 주시리라 지금까지는 너희가 내 이름으로 아무 것도 구하지 아니하였으나 구하라 그리하면 받으리니 너희 기쁨이 충만하리라

이름은 한 사람의 생애 속에서 매우 중요하다. 이름 속에는 그 사람의 인격과 전생애가 들어 있기 때문이다. 그러므로 하나님께서도 이렇게 말씀하신 것이다.

"너희가 내 이름을 알면 내가 너희를 높이리라"(시91:14)

그런데 신약 성경에 또 하나의 중요한 이름이 있다. 바로 예수님이다.

왜 그 이름이 그토록 중요한 것일까?

신약 성경에는 예수님의 이름에 대한 말씀이 많이 기록되어 있는데, 특별히 요한복음 14장~16장(고별설교)안에 집중되어 있다. 이 말씀은 최후의 만찬 이후에 예수께서 말씀하신 유언 같은 중요한 내용으로 그 속에는 천국, 길과 진리, 믿음, 기도, 성령, 말씀, 사랑, 하나님의 영광, 담대함에 대한 주옥같은 내용이 기록되어 있다. 가장 중요한 단어는 '예수이름'으로써 짧은 말씀 속에 7번 기록된 것을 통하여 알 수 있는데 그 중에서 6번은 기도에 대한 내용이다.

그러면 예수 이름으로 기도하는 것은 어떻게 하는 것일까?

오늘 말씀에서 예수 이름이란 말의 원래 의미는 '예수그리스도 안에서'라는 의미이다. 곧 우리를 위하여 십자가에서 죽으신 은혜를 감사할 뿐만 아니라 부활의 능력을 의지하며 기도하는 것으로써, 그 핵심은 진리의 말씀을 붙잡고 기도하는 것이다.

"너희가 내 안에 거하고 내 말이 너희 안에 거하면 무엇이든지 원하는 대로 구하라 그리하면 이루리라"(요15:7)

예수님은 하나님의 아들이요 메시아이기에 이 땅에서 많은 능력을 행하셨다. 그러나 그 능력은 '지상에서의 권세'로써, 이 세상 끝날에 재림하셔서 죽은 자들을 살리시고 모든 사람을 심판하는 권세, 곧 '우주적인 권세'와는 분명한 차이가 있다.

어떻게 예수께서 이 권세를 갖게 되셨을까? 십자가에 죽으신 뒤 부활하심으로 하나님께 받으셨음을 성경은 증언하고 있다.

"예수께서 가라사대 하늘과 땅의 모든 권세를 내게 주셨으니 너희는 가서 모든 족속으로 제자를 삼으라"(마28:18~19)

또한 성경은 이렇게 기록하고 있다.

"사람의 모양으로 나타나셨으매 자기를 낮추시고 죽기까지 복종하셨으니 곧 십자가에 죽으심이라. 그러므로 하나님이 예수를 지극히 높여 모든 이름위에 뛰어난 이름을 주사, 하늘에 있는 자들과 땅에 있는 자들과 땅 아래 있는 자들로 모든 무릎을 예수 이름에 꿇게 하시고"(빌2:8~10)

우리는 이 말씀을 통하여 십자가에서 죽으신 예수님께서 부활 승천하심으로 이 세상을 심판하는 만왕의 왕이 되심을 스스로 증명하신 것을 알 수 있다. 그러므로 우리가 예수 이름을 부르는 것은 예수님을 왕으로 인정하는 것이기에, 예수 이름으로 기도할 때 놀라운 은혜와 축복을 누리는 것이다.

그러면 예수 이름 안에는 어떤 축복이 들어 있을까?

① 기적 : "믿는 자들에게는 이런 표적이 따르리니 저희가 내 이름으로 귀신을 쫓아내며……. 병든 자에게 손을 얹은즉 나리라."

② 권세 : "영접하는 자 그 이름을 믿는 자에게는 하나님의 자녀가 되는 권세를 주셨으니……."

③ 기도응답 : "너희가 내 이름으로 무엇을 구하든지 내가 시행 하리라"(요14:13)

④ 많은 열매 : "이는 너희로 과실을 맺게 하고 내 이름으로 아버지께 무엇을 구하든지 모두 받게 하려 하심이라."

⑤ 큰 기쁨 : "지금까지는 너희가 내 이름으로 아무것도 구하지 않았으나, 구하라 그리하면 받으리니 너희 기쁨이 충만하리라"(요16:24)

⑥ 놀라운 치료 : "베드로가 가로되 은과 금은 내게 없지만, 내게 있는 것으로 네게 주노니 나사렛 예수 이름으로 일어나 걸으라."

⑦ 성령의 선물 : "너희가 회개하며 예수 이름으로 세례를 받고 죄 사함을 받으라. 그리하면 성령을 선물로 받으리니……"(행2:38)

구약 성경에는 하나님의 이름이 여러 가지 기록되어 있는데, 그중 유명한 것이 여호와의 이름 7가지이다.

① 여호와 이레(축복을 예비)

② 여호와 라파(치료)

③ 여호와 닛시(승리의 깃발)

④ 여호와 샬롬(평안)

⑤ 여호와 라아(목자 되심)

⑥ 여호와 치드케누(의로우심)

⑦ 여호와 삼마(영원히 함께하심)

성경의 많은 인물 중에서 이 모든 축복을 누린 사람은 다윗이다. 그는 이 7가지 이름을 시편 23편에 자세히 기록하고 있으며 그 감격을 이렇게 고백하고 있다.

"내 잔이 넘치나이다."

그런데 구약 성경안의 모든 축복이 요약되어 있는 하나님의 이름 안에 들어 있는 7가지 축복은 신약 시대에는 어디에 숨어 있는 것일까? 바로 예수 그리스도의 이름 안에 들어 있다.

우리는 세상을 살면서 많은 사람의 이름을 부른다.

남편, 아내, 자녀, 친구의 이름을……. 그러나 우리가 정말 많이 불러야 할 이름은 예수님의 이름이다. 물론 우리는 너무 바쁘기 때문에 때론 그 이름을 잊어버리는데, 주님은 왜 우리가 예수 이름을 잊어버리고 사는지 잘 알고 계신다. 사랑이 식어졌기 때문인 것을……. 그렇지만 성경은 계속 말씀하신다.

"만일 너희가 승리와 영광의 삶을 살기 원한다면 예수 이름을 많이 부르고, 예수 이름으로 많이 기도하라고……."

그때 예수님이 우리를 도울 수 있기 때문이다. 바로 이것이 십자가에서 죽으신 예수님이 오늘날 이 땅의 모든 성도들에게 가장 간절히 원하시는 소원인 것이다.

42. 보이는 것보다 보이지 않는 것이 중요하다.

●요한복음 20:29 예수께서 가라사대 너는 나를 본 고로 믿느냐 보지못하고 믿는 자들은 복되도다 하시니라

"너는 나를 본고로 믿느냐? 보지 못하고 믿는 자들이 복되도다."

이 말씀은 예수께서 십자가에 죽으시고 부활 하신 뒤 제자들에게 여러 번 나타나셨지만 그들의 말을 듣고도 계속 의심하는 도마에게 주님이 직접 하신 말씀이다. 이 말씀에는 '보이는 세계'와 '보이지 않는 세계' 중에서 어느 것이 중요한가에 대한 대답이 들어 있다.

이 세상에는 경치가 아름다운 명소들이 많다. 캐나다의 항구 도시 밴쿠버, 미국의 절경 그랜드 캐년, 히말라야의 눈 덮인 산봉우리는 인간의 눈으로 볼 수 있는 최상의 아름다움들이다. 그러나 이 세상에는 눈에 보이지는 않지만 귀하고 아름다운 것들이 많이 있다. 남녀 간의 진실한 사랑, 변함없는 우정, 꿈과 열정, 이웃을 위한 헌신들……. 특히 예수님의 발자취가 남아 있는 이스라엘의 수도 예루살렘에 가보면 말로 표현할 수 없는 큰 감동을 느끼게 된다. 그 땅은 무더운 날씨와 낡은 건물, 무너진 성벽만 남아 있지만, 매년 전 세계의 기독교인들이 찾는 성지이다. 그 이유는 그곳이 아브라함이 이삭을 바친 곳이요, 솔로몬 성전이 처음 세워진 곳이며, 예수님이 십자가에 못 박힌 곳이요, 제자들이 성령의 불을 받은 마가의 다락방이 있는 곳이기 때문이다.

성경은 말씀하신다.

"보이는 것은 잠간이요 보이지 않는 것이 영원함이니라"(고후4:18)

이 고백은 사도 바울의 고백으로써, 이 안에는 기독교 진리가 들어 있다. 그

는 하나님을 사랑했지만 영적으로 거듭나지 않았기에 인간 생각과 세상 지식이 라는 '보이는 세계'에 갇힌 채로 예수를 핍박했다. 그러나 부활하신 예수를 만난 뒤 믿음의 눈이 열림으로 영적인 세계를 보게 되었고, 그날 이후 '보이지 않는 세계'를 위하여 평생 달려가는 영광의 삶을 살게 된 것이다.

한 남자와 한 여자의 만남에서 가장 중요한 것은 무엇일까?

그것은 사랑과 진실로써 눈에 보이지 않는다. 그렇지만 결혼을 하고 자식을 낳으면 이제 눈에 보이는 것들이 많이 필요하게 된다.

직장, 돈, 집, 자동차……. 결국 부부는 눈에 보이는 많은 것들과 눈에 보이지 않는 사랑 사이에서 갈등을 겪게 되는데 이때 중요한 것은 그들 앞에 놓여 있는 '두 가지 세계' 중에서 어느 것이 중요한가에 대한 우선순위를 정하는 것이다.

왜냐하면 만일 이것이 확실하지 않으면 그들의 행복은 흔들리게 되기 때문이다.

세계 적으로 유명한 네모난 노란 치즈 회사 kraft를 필립 모리스가 매입할 때 지불한 값은 129억불 이였다. 이 12조원이 넘는 천문학적 금액 중에서 제품과 시설 등의 눈에 보이는 유형 자산의 가치는 10%에 불과했고, 90%는 눈에 보이지 않는 무형 자산인 지적 소유권과 Brand(상표) 및 영업권의 대가로 지불한 것이다. 우리는 이 사실을 통하여 보이지 않는 것이 보이는 것보다 최소한 9배의 가치가 있음을 알 수 있다.

이 땅의 많은 성도들이 하나님을 믿는 이유는 각자의 가치관과 환경에 따라 다를 수 있다. 그러나 안타까운 것은 오늘날 많은 성도들이 믿음의 출발은 보이지 않는 세계에 대한 간절함으로 시작 했지만, 얼마 후에는 보이는 이 세상의 많은 것들 때문에 믿음의 중심이 흔들리면서 많은 갈등 속에 살고 있다는 사실이다.

물론 온통 보이는 것으로 가득한 이 세상에서 보이지 않는 믿음의 세계를 향하여 계속 걸어간다는 것이 쉬운 일은 아니며 때론 고난을 만날 수도 있다.

그렇지만 그것이 주님을 더욱 사랑하는 계기가 되고, 더욱 주님의 영광을 나타내는 기회가 되며, 더욱 우리의 믿음이 성장하는 계기가 된다면, 이 거룩한 선택은 결국 우리의 삶을 더 높은 곳으로 이끌어주는 천국의 계단이 되는 것이다.

43. 죄 사함이 모든 축복의 시작입니다.

●로마서 3:23~25 모든 사람이 죄를 범하였으매 하나님의 영광에 이르지 못하더니 그리스도 예수 안에 있는 구속으로 말미암아 하나님의 은혜로 값 없이 의롭다 하심을 얻은 자 되었느니라 이 예수를 하나님이 그의 피로 인하여 믿음으로 말미암는 화목 제물로 세우셨으니 …

"모든 사람이 죄를 지었으매 하나님의 영광에 이르지 못하더니, 그리스도 예수 안에 있는 구속으로 말미암아 값없이 의롭다 함을 얻었느니라."

성경 전체에서 가장 중심이 되는 이 말씀 속에는

① **왜 인간이 하나님과 멀어지게 되었고**

② **어떻게 하나님과 가까워짐으로** 복된 삶을 살 수 있을까 하는 인간의 근본적인 질문에 대한 해답이 들어있다.

아담의 죄 때문에 인간이 하나님과 멀어지게 되었고, 그 원죄를 씻는 방법은 오직 예수님의 보혈 밖에 없으며, 죄 사함을 통하여 하나님의 자녀가 될 때 주님이 예비하신 축복을 누릴 수 있는 것이다.

이 깊은 진리를 깨닫고 기록한 사람은 사도바울이다. 그는 구약 율법에 능통했지만 예수는 알지 못했기에 많은 핍박을 한다. 그러나 부활하신 예수를 만난 뒤에 자신이 얼마나 큰 죄인인가를 깨닫게 됨으로써 이런 고백을 할 수 있었다.

이 사실은 다윗도 마찬가지다. 그는 하나님의 은혜로 왕이 되었고 많은 영광도 누렸지만 육신의 연약함으로 죄에 깊이 빠진다. 그러나 하나님의 사랑으로 용서를 체험한 뒤 죄 사함의 은혜가 얼마나 귀한 것인가를 깨닫게 된다.

시편 103:3~4에는 다윗이 평생 하나님께 받은 많은 축복을 6가지로 요약한 내용이 기록되어 있다.

① 죄의 용서

② 병의 치료

③ 파멸에서 구원

④ 은혜로 왕관을 씀

⑤ 소원의 만족

⑥ 새 힘과 능력 받음

그런데 다윗은 이 6가지 축복 중에서 가장 먼저 '죄 사함의 은총'을 기록하고 있다. 그 이유는 먼저 하나님과의 관계가 회복될 때, 그 다음에 주님께서 축복의 길로 인도하시기 때문이다.

우리는 다윗과 사도 바울의 삶을 통하여 매우 중요한 사실을 발견할 수 있다. 하나님이 크게 사용 하시고 큰 복을 주는 사람의 특징은 '죄 사함의 은총'이 얼마나 귀한 것인가를 깨달은 사람이라는 사실이다. 그 이유는 그런 사람만이 평생 겸손 할 수 있으며 끝까지 주님을 경외 할 수 있기 때문이다.

구약 성경에 기록된 이스라엘의 절기 중에서 핵심은 유월절이다. 이 절기는 이스라엘 백성들이 애굽에서 나올 때 어린양을 죽인 뒤 그 피를 문설주에 바르므로 죽음과 재앙이 해치지 않고 넘어감으로 생명을 보존했던 사건을 기념하는 것이다. 그런데 고린도전서 5:7은 이렇게 말씀하신다.

"우리의 유월절 양 곧 그리스도께서 희생이 되셨느니라."

세례 요한도 고백한다.

"보라 세상 죄를 지고 가는 하나님의 어린 양이로다"(요1:29)

이 말씀들을 통하여 구약 시대의 유월절 어린양이 신약 시대에는 '십자가에 죽으신 예수'의 모습으로 다가오는 것을 알 수 있다.

그 이유는 무엇일까? 구약 시대에는 인간의 죄를 대속하기 위하여 짐승의 피가 사용 되었지만 완전하지 못했다. 그러므로 이제 예수님의 보혈로 완전한 속죄를 이루게 된 것이다.

예수님은 이 사실을 최후의 만찬에서 제자들에게 말씀하셨다.

"또 잔을 가지사 감사하시고, 저희에게 주시며 가라사대 이것을 마시라. 이것은 죄 사함을 얻게 하려고 많은 사람을 위하여 흘리는 나의 피 곧 언약의 피 니라"(마 26:26~28)

구약 시대의 언약은 하나님이 애굽에서 나온 이스라엘 백성들과 시내 산에서 '짐승의 피'로 맺은 옛 언약 이였지만 신약 시대의 언약은 예수께서 십자가에 죽으시기 전날 밤에 제자들과 '예수님의 보혈'로 맺은 새 언약인 것이다.

이 사실을 믿음으로 받아들이는 성도는 오늘날도 놀라운 언약과 축복에 참여하게 되는데 그 의식이 바로 성찬이다.

"식후에 또한 이와 같이 잔을 가지시고 가라사대 이 잔은 내 피로 세운 새 언약이니 이것을 행하여 마실 때마다 나를 기념하라 하셨으니"(고전11:25)

요한 계시록에는 어린양이라는 말씀이 29번 기록되어 있다.

죽임 당하신 어린양(5:12), 어린양의 피에 옷을 씻어 희게 하였느니라(7:14), 어린양은 만왕의 왕(17:14), 어린양의 생명책에 기록된 자들은 복이 있도다(21:27).

계시록을 기록한 사람은 사도 요한이다. 그는 예수님의 12제자 중에서 유일하게 순교하지 않고 살아남은 사람으로, 그는 두 눈으로 부활 하신 예수를 보았다. 그러므로 그의 증언은 확실하며, 특별한 계시를 받고 기록한 요한 계시록과 어린양의 기록도 분명한 진실인 것이다.

성경에는 '피'라는 단어가 약 460회 기록되어 있는데, 대부분 '예수님의 보혈'과 연결되어있다. 그런즉 기독교에서 피는 매우 중요하다. 왜냐하면 피 속에 죄 사함과 치료 등의 생명과 축복이 모두 들어있기 때문이다.

44. 가장 치열한 전쟁은 우리 안에 있다.

●로마서 7:18~24 내 속 곧 내 육신에 선한 것이 거하지 아니하는 줄을 아노니 … 내가 원하는 바 선은 하지 아니하고 도리어 원치 아니하는 바 악은 행하는도다 만일 내가 원치 아니하는 그것을 하면 이를 행하는 자가 내가 아니요 내 속에 거하는 죄니라 … 오호라 나는 곤고한 사람이로다 이 사망의 몸에서 누가 나를 건져 내랴

성경을 보면 이스라엘 민족의 역사는 수많은 전쟁의 역사였다.

애굽에서 탈출할 때는 왕 바로가 그들을 죽이기 위하여 전차 600대로 추격했고, 광야에서는 아말렉과의 전쟁이 있었으며 약속의 땅에 들어 갈 때는 원주민 7족속과 치열한 정복 전쟁을 했다.

이 사실은 오늘날 성도들의 삶도 마찬 가지이다. 하나님의 약속과 예수님의 은혜가 늘 우리 곁에 있지만 세상을 살다보면 많은 장애물을 만나기 때문이다.

죄와 가난, 질병과 고통, 세상 유혹과 그 배후의 어둠의 세력들…….

우리는 이 모든 일들을 통하여 신앙생활은 '영적 전쟁'인 것을 깨닫게 되고, 이것을 잘 극복할 때 승리의 삶을 살게 된다.

그런데 성도들이 평생 싸워야 할 전쟁은 둘로 구분된다.

① 환경적인 여러 고통과 싸우는 외적 전쟁과

② 우리 안에 숨어 있는 '죄악'과 싸우는 내적 전쟁이 있다.

과연 어떤 전쟁이 더욱 치열할까? 우리는 다윗을 통하여 그 해답을 얻을 수 있다. 그는 이스라엘을 건국 하면서 평생 전쟁터에서 싸우지만 단 한 번도 패배한 일이 없었다. 그러나 자기와의 싸움에서는 크게 두 번 실패한다.

①부하 장군인 우리아의 아내 밧세바와 간음함으로써 그의 일생에 가장 큰

오점을남긴 것과 ②교만하여 하나님이 명령 하지도 않은 인구 조사를 실시함으로 주님의 징계를 받아 죄 없는 백성 7만 명이 목숨을 잃은 슬픔이다(대상 21:1~14).

성경에는 다윗과는 다른 고통 이지만 그와 비슷하게 치열한 내적 전쟁을 겪은 사람이 있다. 바로 사도 바울이다. 그는 육신의 눈이 가려져서 예수와는 상관이 없는 삶을 살았지만, 부활하신 예수를 만난 뒤 주님만을 위하여 충성하는 삶을 살아간다. 그에게는 한 가지 고민이 있었는데, 자기 안에서 계속되는 영적 전쟁 때문이었다. 자기의 영혼은 하나님을 사랑하며 그 뜻대로 살기를 힘쓰는 '거룩한 소원'이 있건만 자기의 육체 속에는 그것을 반대하며 거꾸로 살아가려고 하는 '죄악의 본성'이 있기에, 이 두 가지가 자기속에서 계속 충돌하는 영적 고통 때문이었다.

그 결과 자기의 의지와는 상관이 없이 죄의 길로 끌려가는 자신에 대한 무력감과 시간이 갈수록 깊어지는 죄책감 때문에 극심한 혼란을 겪게 된다. 그 싸움은 아담의 범죄로 인하여 다가오는 육체의 어둠과 예수님을 통하여 다가오는 영혼의 빛이 서로 충돌하는 타락한 인간의 원초적 고통 이였다. 사도 바울은 한 인간 속에서 선과 악이 충돌하고, 한 육체 안에서 두 가지 세계가 부딪히는 고통이 얼마나 괴로운가를 이렇게 고백하고 있다.

"오호라 나는 곤고한 사람이로다. 이 사망의 몸에서 누가 나를 건져내랴?"(롬7:24)

그는 자신을 마치 깊은 바다에 빠진 채 허우적거리며 죽어가는 사람의 모습으로 표현하고 있다.

이제 어떻게 그 혹독한 영육간의 갈등에서 빠져 나올 수 있을까?

① 예수 그리스도 안에 거하라.

"그러므로 이제 예수 안에 있는 자에게는 정죄함이 없나니"(롬8:1)

바울은 영육간의 치열한 갈등을 끝내는 방법은 오직 예수님의 보혈과 십자가의 사랑을 통한 용서와 위로밖에 없음을 고백하고 있다.

② 자신의 연약함을 고백하라.

"이와 같이 성령도 우리의 연약함을 도우시나니, 우리가 마땅히 빌 바를 알지 못하나……."(롬8:26)

인간은 흙으로 만들어진 존재이기에 쉽게 죄를 짓고 쓰러진다. 그러나 자신의 연약함을 깨달은 자는 주님 앞에 엎드리게 되고 간절히 도움을 구하게 된다.

③ 성령의 도우심을 구하라.

로마서의 8장에는 성령을 의미하는 단어가 무려 19번 기록되어 있다. 우리는 이 사실을 통하여 고통을 만날 때 성령의 도움을 구하는 것이 얼마나 중요한가를 알 수 있다. 그러므로 바울은 이렇게 외친 것이다.

"이는 예수 안에 있는 생명의 성령의 법이 죄와 사망의 법에서 너를 해방 하였음이라"(롬8:2)

이 말씀은 하나님의 생명이 예수님을 통하여 이땅에 다가왔듯이, 이제는 성령을 통하여 우리에게 다가온 것을 강조하고 있다.

그러므로 오늘날 모든 성도들이 부활과 생명의 영인 성령의 충만함을 받아야만 죄와 사망, 고통과 갈등에서 완전히 해방되는 참된 행복과 승리의 삶을 살아갈 수 있다.

45. 참된 사랑은 많이 아픈 것이다.

●고린도전서 13:7 모든 것을 참으며 모든 것을 믿으며 모든 것을 바라며 모든 것을 견디느니라

성경에는 많은 말씀이 기록되어 있는데 그 핵심은 사랑이다.

이 사랑은 하나님으로부터 시작되었고 예수님의 십자가 죽으심을 통하여 완성되었다. 이 세상에서 가장 귀한 것은 사랑이지만, 이 세상에서 가장 부족한 것도 사랑이다. 그 이유는 무엇일까? 이 세상의 사랑은 대부분 이기적이므로 시작은 사랑의 이름으로 하지만 끝에는 슬픔이 다가온다. 그러나 성경이 말씀하는 사랑은 '하늘에서 내려온 사랑'이기에 시작도 사랑으로 하고 끝도 사랑으로 마치므로 기쁨이 된다. 다만 이 사랑은 끝없이 주고, 끝없이 참으며, 끝없이 기다리는 사랑이기에 많은 아픔을 참아야만 한다.

예수님은 세상에 오신 뒤 12제자를 택하셨고 그들을 진심으로 사랑 하셨지만 주님께서 잡히시던 밤에 그들은 모두 다 부인하고 도망쳐버렸다.

주님은 가룟 유다의 배신을 아셨고 베드로가 부인 할 것도 아셨으며 제자들이 도망갈 것도 알고 계셨다. 그러나 3년이 넘는 시간동안의 교육과 사랑이 있었기에 많은 기대도 하셨지만 모두 물거품이 되었다. 그 당시 예수님의 마음이 얼마나 아프셨을까를 짐작하는 것은 어렵지 않다. 그러나 주님은 계속 마음 아파만 할 수는 없었다. 승천하시기전 이 땅에 계시는 동안에 죄책감과 두려움에 빠진 제자들을 만나고 용서해 주셔야 그들이 힘을 내어 복음 전파의 사명을 감당 할 수 있기 때문이다. 그러므로 예수님은 부활 하신 뒤 승천하시기 까지 그 짧은 시간동안 막달라 마리아를 시작으로 제자들에게 12번 나타나셔서 용서하시고 위로하셨는데 그 이유는 끝없는 사랑 때문이었다.

사랑이 많이 아픈 것이라는 사실은 이 땅의 모든 어머니들의 자식 사랑을 통하여 알 수 있다. 어머니의 자식 사랑은 잉태하는 시간부터 시작된다. 태어나기 전의 10달의 시간도 중요하지만 가장 귀한 시간은 자녀를 낳을 때의 고통의 시간이다. 문제는 어머니의 고통은 자녀를 낳는 것으로 끝이 아니라는 사실이다. 자녀가 성장할 때 많은 기쁨이 있기도 하지만, 한편 고통과 수고도 커져가기 때문이다. 어머니가 자식을 낳고 그 아기가 성인이 될 때까지의 기간을 20년으로 계산 한다면, 자녀를 3명 둔 어머니가 수고하는 시간은 60년이 된다. 결국 자녀를 낳고 키우다 보면 어머니의 인생은 모두 지나가 버린다. 그때 어머니의 마음을 위로 할 수 있는 것은 하나밖에 없다. 자녀가 부모의 기대하는 모습대로 살아가며, 부모의 사랑에 진심으로 감사 하는가의 여부에 달려있다. 우리는 안타깝게도 이 질문에 분명한 대답을 하지 못하는 많은 가정을 본다.

그것이 이 땅위의 어머니의 아픔인 것이다.

성경은 하나님과 성도간의 사랑을 영적인 신랑과 신부의 관계로 설명하고 있는데 대표적인 말씀이 에스겔 16장에 기록되어 있다.

"내가 네 곁을 지날 때에 네가 피투성이가 되어 발길질 하는 것을 보고"(겔16:6)

이 말씀은 이스라엘 백성들이 애굽에서 노예 생활 할 때의 비참한 모습을 말한다.

"네가 금과 은으로 장식하고…….왕후의 지위에 나갔느니라"(겔16:13)

이것은 다윗과 솔로몬 시대의 번영과 영광을 의미한다.

"네 명성을 인하여 행음하되 무릇 지나가는 자들과 더불어 음란을 많이 행하므로, 네 몸이 그들의 것이 되었도다"(겔16:15)

주님께서 허락하신 약속의 땅에서 받은 은혜를 감사 하기는 커녕, 영적 간음인 우상 숭배에 깊이 빠진 이스라엘 백성들의 모습을 말한다. 결국 그들은 하나님께 큰 책망을 받는다.

"그러므로 너 음부야 여호와의 말이니라"(겔16:35)

그 결과 그들은 징계를 받고 바벨론에 70년 포로로 끌려가지만 하나님은 그들을 용서하고 이스라엘로 귀환 할 것을 약속 하신다.

"다시는 너를 버림받은 자라 칭하지 않으며 다시는 네 땅을 황무지라 칭하지 않고, 오직 너를 헵시바(나의 기쁨이 그녀에게 있다)**라 하며 네 땅을 쁄라**(결혼한 여자)**라 하리니… 마치 청년이 처녀와 결혼함같이… 신랑이 신부를 기뻐함같이 네 하나님이 너를 기뻐하시리라"**(사62:3~5)

이 말씀 속에는 이스라엘 백성들의 지난날의 모든 죄를 용서하시며 다시는 기억하지 않겠다는 굳은 약속과, 이제 복된 길로 인도하시겠다는 첫사랑의 회복과 놀라운 축복이 들어있다.

에스겔 16장에는 이스라엘 민족의 모습이 크게 4가지로 요약되어 있다.

①비천한 노예 → ②영광스러운 왕후 → ③음란한 아내 → ④용서받은 새 신부

우리는 이 모든 말씀을 통하여 우리 자신의 모습을 발견 할 수 있으며, 오늘도 우리 곁에 변함없는 사랑으로 다가오는 주님의 손길을 느낄 수 있다.

46. 은혜는 받는 것보다 보답이 더 중요하다.

●고린도전서 15:3~10 내가 받은 것을 먼저 너희에게 전하였노니 이는 성경대로 그리스도께서 우리 죄를 위하여 죽으시고 장사 지낸바 되었다가 성경대로 사흘만에 다시 살아나사 … 그 후에 야고보에게 보이셨으며 그 후에 모든 사도에게와 맨 나중에 만삭되지 못하여 난 자 같은 내게도 보이셨느니라 나는 사도 중에 지극히 작은 자라 내가 하나님의 교회를 핍박하였으므로 사도라 칭함을 받기에 감당치 못할 자로라 그러나 나의 나 된 것은 하나님의 은혜로 된 것이니...

은혜라는 말은 하나님이 인간에게 허락하시는 많은 축복을 통틀어 일컫는 말로써 그 근원은 주님의 끝없는 사랑에서 시작된다.

성경에는 주님의 은혜를 받고 승리와 영광의 삶을 살았던 많은 사람들이 기록되어 있는데 그중 대표적인 두 사람이 다윗과 사도 바울이다. 그들이 살았던 시대와 은혜 받은 모습은 다르지만 그 은혜를 충성으로 보답한 것은 동일하다.

① 다윗은 어린 나이에 왕으로 기름부음 받은 뒤 평생 그 은혜를 잊지 않고 감사 하는 삶을 살았다.

"내 영혼아 여호와를 송축하며 그 모든 은택을 잊지 말지어다"(시103:2)

다윗은 평생 하나님을 경외하고 이스라엘을 통일 했으며, 모든 전쟁에서 승리하여 국토를 넓혔고 수도를 예루살렘으로 옮기므로 받은 은혜를 보답했다. 특히 그는 평생 주님께 받은 은혜를 보답하기 위하여 인생의 말년에 '성전건축'을 소원하지만 그 계획은 아들 솔로몬을 통하여 성취된다.

그때 다윗은 이 귀한 사업을 위하여 자기의 모든 재산을 아낌없이 바칠 뿐만 아니라 이 복된 일에 모든 백성들이 기쁨으로 동참 할 것을 권유하는데, 그 당시 다윗이 주님께 드린 고백은 감동적이다.

"우리가 주의 손에서 받은 것으로 주께 드렸을 뿐입니다"(대상29:14)

하나님께 받은 은혜를 충성과 헌신으로 보답하는 그의 모습은 주님을 크게 감동 시켰기에 다윗은 구약 성경의 중심인물이 되는 영광을 누리게 되며 그의 육체의 계보에서 예수님이 탄생하는 은총도 누리게 된다.

② **사도 바울은** 신약성경의 중심이 되는 인물이다. 어떻게 12제자도 아니었던 그가, 세계복음화의 기초를 세우고 신약성경 13권을 기록할 정도로 충성하는 일꾼이 될 수 있었을까?

우리는 그 은혜가 십자가에 죽으시고 부활하신 예수님과의 1:1의 만남에서 시작된 것을 알 수 있다. 그 사건은 바울의 인생을 180° 바꾸는 능력이 되었을 뿐만 아니라, 그가 전파했던 복음의 핵심이 되었고 죽도록 충성하는 영적 에너지가 되었다.

그런데 바울은 그 은혜가 자기의 힘으로 된 것이 아니라 하나님의 은혜로 다가왔음을 고백하고 있다.

"나의 나 된 것은 하나님의 은혜로 되었으니…"(고전15:10)

그가 기록한 바울 서신 안에 '은혜'라는 말이 101번 기록된 사실이 그것을 증명하고 있다.

바울은 그 놀라운 은혜를 성경에 특별한 단어로 기록하고 있다.

'내가 받은 것'이 그것이다(고전 15:3, 갈1:12).

이 은혜는 일반적으로 성도들이 받는 은혜인 죄 사함과 구원, 물질의 축복, 영생의 소망과는 다른 '특별한 은총'을 말한다.

결국 우리는 바울의 생명을 다한 충성은 주님께 받은 큰 은혜에 대한 보답의 결과인 것을 알 수 있다.

그렇다면 우리는 하나님께 받은 은혜를 얼마나 보답해야 할까? 나는 언젠가 이 질문에 대한 해답을 깊은 생각 끝에 얻을 수 있었다.

"더도 말고 덜도 말고 … 내가 받은 은혜만큼!"

47. 신앙생활은 영적인 보물찾기다.

●골로새서 1:26~27 이 비밀은 만세와 만대로부터 옴으로 감취었던 것인데 이제는 그의 성도들에게 나타났고 … 이 비밀은 너희 안에 계신 그리스도시니 곧 영광의 소망이니라

신앙생활을 간단하게 설명하면 '보물찾기'다. 세상에는 많은 값진 보물이 있지만 땅위에 있는 것이기에 성경에 약속된 신령한 보물들과는 비교 할 수 없다. 그런데 하나님의 보물들은 대부분 우리 눈에는 숨겨져 있으므로 성경은 **"하나님은 숨어 계신다"**고 말씀하시며 **"하나님을 더듬어 찾으라"**고 말씀하셨다.

"구원자 이스라엘의 하나님이여 진실로 주는 스스로 숨어 계시는 하나님이시니이다"(사45:15)

"이는 사람으로 하나님을 혹 더듬어 찾아 발견케 하려 하심이로되 그는 우리 각 사람에게서 멀리 떠나 계시지 아니하도다"(행17:27)

다니엘서 9장에는 '은밀한 것'이란 단어가 9번 기록되어 있는데 그것은 느부갓네살 왕이 꾼 희한한 꿈을 말한다. 그 꿈을 해석하기 위하여 바벨론의 많은 점술사를 불렀지만 왕이 꿈의 내용을 설명하지 않았기에 그들은 꿈을 해석 할 수 없었다. 그러나 다니엘이 하나님께 간절히 기도하자 주님은 꿈의 내용을 알려주신다.

바로 큰 신상에 대한 내용이다. 결국 다니엘은 그 꿈을 해석함으로서 존귀한 자리에 오르게 되는데 그때 그가 고백한 내용이 성경에 기록되어 있다.

"오직 은밀한 것을 나타내실 자는 하늘에 계신 하나님뿐입니다"(단2:28)

그런데 하나님 안에 숨겨져 있던 은혜의 보물들이 예수님을 통하여 이 땅에

다가왔다고 말씀하신다.

"이 비밀은 너희 안에 계신 그리스도시니 곧 영광의 소망이시니라"(골1:27)

"그 안에는 지혜와 지식의 모든 보화가 감춰져 있느니라"(골2:3)

예수님은 이 사실을 마태복음 13:44~45절에서 밭에 감추어진 보물과 값비싼 진주의 비유로 말씀하셨다. 이 모든 말씀을 통하여 신앙생활은 십자가 아래에 감추어진 보물을 캐내는 거룩한 작업인 것을 알 수 있다.

어떻게 이 보물을 캐낼 수 있을까?

① 깊은 곳으로 들어가야 한다.

값싼 금가루는 모래에도 섞여 있지만 값진 금광은 땅속 깊은 곳에 숨어 있다. 예수께서 베드로에게 "깊은 곳에 그물을 던지라" 말씀하신 것도 같은 의미다. 왜냐하면 베드로가 예수님 말씀에 순종하는 것은 결코 쉽지 않았지만 자기의 생각을 버리고 순종 했을 때 그는 놀라운 기적을 체험했기 때문이다. 성경을 보면 깊은 곳은 시련과 고통을 의미하며, 큰 쓰임을 받은 사람들은 모두 골짜기와 광야의 깊은 곳을 통과한 사람들이다. 모세는 광야를, 다니엘은 사자 굴을, 예레미야는 감옥을, 욥은 모든 것을 잃어버리는 아픔을…….

다윗은 자기가 겪은 큰 시련을 이렇게 기록하고 있다.

"깊은 수렁과 깊은 물과 큰 물"(시69:2)

그러나 극심한 고난이 있었기에 자신의 연약함을 뼛속 깊이 깨달았고, 생명을 다해 주님을 의지함으로 구원과 생명의 삶을 살게 된 것이다.

② 빛이 있어야 찾을 수 있다.

광부가 금을 캐기 위하여 땅속에 들어 갈 때는 반드시 등불을 준비 하듯이 십자가 아래 숨겨진 보물을 캐내기 위해서는 신령한 빛이 필요하다. 성경은 그것이 성령의 은혜라고 말씀하신다.

"하나님이 자기를 사랑하는 자들을 위하여 예비하신 모든 것은 눈으로 보지 못하며 귀로도 듣지 못하며 사람의 마음으로도 생각지 못하였다 함과 같으니라. 오직 하나님이 성령으로 우리에게 보여 주셨으니 성령은 모든 것 곧 하나님의 깊은 것이라도 통달 하시느니라"(고전2:9~10)

이 말씀에서 통달 한다는 뜻은 '속속들이 모두 살핀다'는 의미이다.

교회 행사로 야외 예배에서 보물찾기를 할 때면 어떤 성도는 계속 숨겨진 것을 찾지만 어떤 성도는 하나도 찾지 못한다. 그 차이는 눈이 열렸는가, 아닌가의 차이다. 신앙생활도 마찬가지다. 그런즉 성령의 은혜를 충만하게 받은 성도는 눈이 열린 까닭에 날마다 신앙생활 속에서 기쁨이 가득하며 삶속에 풍성한 열매를 맺는 것이다. 이 사실을 예수님은 이렇게 말씀하셨다.

"무릇 있는 자는 받아 넉넉하게 되고 무릇 없는 자는 그 있는 것도 빼앗기리라"(마13:12)

이 말씀의 의미를 알려면 무릇 이라는 단어 뒤에 '깨달음'이란 단어를 넣어보면 쉽게 이해 할 수 있다.

48. 성령의 핵심 사역은 예수를 알게 하는 것이다.

●요한복음 15:26 내가 아버지께로서 너희에게 보낼 보혜사 곧 아버지께로서 나오시는 진리의 성령이 오실 때에 그가 나를 증거하실 것이요

성경을 보면 성령께서 하시는 일은 매우 다양 하다.
그런데 성령께서 하시는 일 중에서 가장 중요한 것은 무엇일까?
예수님이 누구 신가? 를 분명히 깨닫게 하는 것이다.

우리는 그 사실을 예수께서 십자가에 죽으시기 위하여 잡히시던 밤에 하신 말씀을 통하여 알 수 있다.

"내가 아버지께로서 너희에게 보낼 보혜사, 곧 아버지께로서 나오시는 진리의 성령이 오시면, 그가 나를 증거 하실 것이요" (요15:26)

또한 요한 일서 5:7에도 이렇게 기록되어 있다.

"증거하는 이는 성령이시니 성령은 진리니라"

그러면 성령께서 예수님을 증거하는 것이 왜 중요할까?
그 이유는 만일 성령이 우리의 영혼을 감동시키지 않으면 우리가 예수를 알 수 없으며, 만일 우리가 십자가의 비밀을 깨닫지 못한다면 하나님의 은혜에 참여 할 수 없기 때문이다.

"우리가 세상의 영을 받지 아니하고 오직 하나님께로 온 영을 받았으니 이는 우리로 하여금 하나님께서 우리에게 은혜로 주신 것들을 알게 하려 하심이라"(고전2:12)

예수께서 죄 많은 인간들을 구원하시기 위하여 이 세상에 오시고 우리를 위하여 십자가에서 죽으신 것은 사실이다. 그러나 그 사건은 '너무나 먼 시간 속

에 있었던 진실' 이기에 우리의 이성으로 받아들이기는 어렵지만, 시간과 공간을 초월하여 역사 하시는 성령께서 믿음의 눈을 열어 줄 때 믿을 수 있게 되는 것이다.

구약 성경에 기록된 모든 하나님의 약속은 예수님의 십자가 사건을 통하여 완성되었기에, 우리가 믿음으로 아멘하면 그 모든 언약은 우리의 삶속에서 열매를 맺게 된다. 그런데 주님의 약속들이 우리 삶속에 열매를 맺기까지는 기다림과 인내의 시간이 필요하며, 그 과정 속에서 우리의 믿음도 때론 흔들릴 때가 있다. 그 사실을 잘 아시는 하나님께서 그 어려운 때를 잘 이기게 하기 위하여, 우리에게 보내 주신분이 바로 성령이시다.

"저가 또한 우리에게 인치시고 보증으로 성령을 우리 마음에 주셨느니라" (고후1:22)

이 말씀에서 '보증'은 상업적인 용어로써 어떤 물건을 사기 위하여 지불할 금액의 총액 중에서 첫 번째 분담금을 의미하는데, 신실하신 하나님이 보증하시므로 그 약속은 반드시 하나님의 때에 성취되는 것이다.

그러면 어떻게 성령은 예수님을 알게 하는 것일까?

그 이유는 성령이 바로 '예수의 영'이기 때문이다.

"만일 너희 속에 하나님의 영이 거하시면, 너희가 육신에 있지 아니하고 영에 있나니, 누구든지 그리스도의 영이 없으면 그리스도의 사람이 아니라"(롬8:9)

성령은 하나님의 영 일 뿐만 아니라 예수의 영이기 때문에, 성령 충만하면 당연히 예수님의 십자가 비밀을 깨닫게 되고, 하나님의 놀라운 약속과 축복에 참여하게 되는 것이다.

고린도전서 15:45를 보면 성경은 예수님을 '살리는 영'으로 기록하고 있다.

예수께서 우리에게 생명을 주시기 위하여 죽으시고 부활하셨기 때문이다.

그러므로 예수의 영인 성령께서 하시는 일도, 당연히 성도의 삶속에 생명을 공급하는 것이다.

"그리스도 안에 있는 생명의 성령의 법이 죄와 사망의 법에서 너희를 해방하였음이라"(롬8:2)

이 말씀 중에서 '그리스도 안에'라는 말씀은 십자가를 통하여 이루어진 구원의 완성을 의미하므로, 우리는 예수님의 위대한 생명 사역이 오늘날에는 성령을 통하여 힘차게 계속되고 있음을 알 수 있다.

찰스 피니 목사는 이런 말을 했다.

"세상 사람들이 예수를 믿지 않는 것이 분명한 죄 이듯이, 성도들이 성령 충만하지 않은 것도 분명한 죄다."

49. 성령의 놀라운 특징 4가지

●요한복음 14:16~20 내가 아버지께 구하겠으니 그가 또 다른 보혜사를 너희에게 주사 영원토록 너희와 함께 있게 하시리니 저는 진리의 영이라 세상은 능히 저를 받지 못하나니 이는 저를 보지도 못하고 알지도 못함이라 그러나 너희는 저를 아나니 저는 너희와 함께 거하심이요 또 너희 속에 계시겠음이라 … 그 날에는 내가 아버지 안에, 너희가 내 안에, 내가 너희 안에 있는 것을 너희가 알리라

성령에 대한 성경의 기록은 구약 성경에서 시작되어 신약 시대에 꽃을 피우는데, 그 핵심은 예수님의 말씀 속에 있으며 그중에서 중요한 말씀이 오늘 말씀 안에 기록되어 있다. 주님은 그 특징을 4가지로 말씀하셨다.

1. 또 다른 보혜사

보혜사라는 말은 그리스어로 '곁'에와 '부르다'의 합성어로 곁에서 도와주기 위하여 부름 받은 자를 의미하며 위로자, 상담자, 변호자, 중보자를 뜻한다.

신약 성경에는 보혜사가 두 분 기록되어 있다.

① 예수 그리스도

"만일 누가 죄를 범하면 아버지 앞에서 우리에게 대언 자가 있으니 곧 의로우신 예수 그리스도라"(요일2:1)

이 말씀중 '대언자'는 보혜사를 뜻한다. 예수께서 십자가에 죽으심으로 그 보혈이 성도의 죄를 덮고 성도의 죄를 변호하기 때문이다.

② 성령님

예수님은 육신을 입고 세상에 오셨기에 이 땅의 사명을 이루신 뒤 승천 하셨다. 이제 예수님의 사역을 대신하여 성도들을 위로하고 생명의 길로 인도 하실 분이 필요한데 그분이 성령이시다. 그런즉 예수께서 오늘 말씀에서 보혜사라는 단어 앞에 '또 다른' 이란 말을 넣으신 것이다. 이 사실을 통하여 구약 시대에는 성삼위 하나님 중에서 주로 성부 하나님이 역사 하셨지만, 신약 시대에는 예수님과 성령께서 보혜사가 되어 하나님의 뜻을 이루어 가심을 알 수 있다.

그런데 우리는 성령의 특징 한 가지를 알아야 한다. 곧 성령은 자신을 위해서는 결코 일을 하지 않는다는 것이다. 이 사실은 예수님께서도 자신의 영광과 유익을 위해서는 살지 않으신 것을 통하여 알 수 있다.

"아버지께서 내게 하라고 주신 일을 내가 이루어 아버지를 영화롭게 하였사오니" (요17:4)

마찬가지로 성령께서도 자신의 영광을 위해서는 일을 하지 않으시며 오직 예수님의 뜻과 영광을 위해서만 일을 하신다. 곧 성령은 예수님을 증거하고 예수님은 하나님을 증거 함으로써 결국 성부와 성자와 성령은 어느 시대에나 '하나'가 되셔서 '같은 일'을 이루어 가심을 알 수 있다.

2. 진리의 영

예수님은 이렇게 말씀하셨다.

"저는 …….진리의 영이요"(요14:17)

그런데 참된 진리는 예수 그리스도다. 성령의 중요한 사역중 한가지는 예수님이 누구신가를 깨닫게 하는 것이다. 많은 사람들은 하나님이 좋으신 분인 것을 인정한다. 그러나 하나님이 인간의 모습으로 세상에 오신 것은 의심하며 부인한다. 어떻게 그 사실을 믿을 수 있을까? 성경은 이렇게 말씀 하신다.

"예수 그리스도의 하나님께서 지혜와 계시의 영을 너희에게 주사 하나님을 알게 하시고……"(엡1:17~18)

하나님의 뜻을 깨닫고 예수를 알게 하는 지혜와 계시의 영이 바로 성령이다.

3. 세상은 성령을 알지 못한다.

그 이유는 세상은 땅에 속해 있고 육에 속한 것이지만, 성령은 하나님께 속했고 거룩한 영이기 때문이다. 예수님의 십자가 사건은 비밀스러운 일이요 감추어진 것이기 때문에 인간의 지혜로는 알 수 없다고 성경은 말씀하신다(고전2:1~10). 그러나 성령의 빛과 깨달음을 통해서는 알 수 있다고 강조하고 있다.

"육에 속한 사람은 성령의 일을 받지 아니하나니 저에게는 미련하게 보임이요 또 깨닫지도 못하나니 이런 일은 영적으로라야 분별하느니라"(고전2:14)

구약 시대에 세상 사람들은 하나님을 알지 못했지만, 이스라엘 백성들은 주님을 알고 사랑함으로 큰 축복에 참여 할 수 있었다. 이천년 전에 대부분의 사람들은 예수를 알지 못했으나 택함 받은 자녀들은 주님을 떠나지 않았고 그 생명에 참여 할 수 있었다. 이 사실은 오늘도 마찬가지다. 세상 사람들은 전혀 성령에 대하여 알지 못하지만 은혜 받은 성도는 성령을 의지하며 성령과 동행 하는 것이다. 그러므로 한 집에 사는 부부 일지라도 전혀 다른 세계에 살게 되는 이유는 그들이 속한 세계가 전혀 다르기 때문이다.

4. 성도의 영혼 속에 계신다.

예수님은 오늘 말씀하신다.

"저는 너희와 함께 거하심이요 또 너희 속에 계시겠음이라."

어떻게 이런 일이 있을 수 있을까? 구약 시대에는 하나님께서 불기둥의 모습으로 '하늘 위'에 계셨다. 그때는 세상의 죄가 적었기에 인간과 떨어져 계실 수 있었다. 그러나 이천년 전에는 예수님의 모습으로 '성도들 곁'에 가까이 계셨다. 그 만큼 죄악이 많고 성도들이 고통을 겪고 있었기 때문이다. 그런데 오늘 날에는 아예 성령의 모습으로 '성도의 영혼 속'에 계신다. 말세에 세상 죄악이 파도처럼 몰려오기 때문에 성도의 삶을 지켜주시고 성도의 영혼에 힘과 위로를 주시기 위함이다.

"너희가 하나님의 성전인 것과 하나님의 성령이 너희 안에 거하시는 것을 알지 못하느냐?"(고전3:16)

이것은 세상의 많은 종교 중에서 오직 기독교에만 있는 놀라운 신비요 하나님의 사랑이다.

하나님이 성령의 모습으로 성도의 영혼 속에 계시겠다는 약속은 구약 성경에도 많이 기록되어 있다.

"또 새 영을 너희 속에 두고…….또 내 영을 너희 속에 두어 내 말씀을 행하고 지키게 하리라"(겔36:26~27)

50. 성령이 가장 좋은 선물인 이유

●누가복음 11:9~13 내가 또 너희에게 이르노니 구하라 그러면 너희에게 주실 것이요 찾으라 그러면 찾을 것이요 문을 두드리라 그러면 너희에게 열릴 것이니 … 너희가 악할찌라도 좋은 것을 자식에게 줄줄 알거든 하물며 너희 천부께서 구하는 자에게 성령을 주시지 않겠느냐 하시니라

성경에는 하나님이 주의 자녀에게 허락하신 많은 축복이 기록되어 있는데, 그 중에서 '특별한 선물'이 있다고 말씀하신다.

그것은 무엇일까?

1. 가장 좋은 선물은 성령이다.

예수께서 누가복음 11:13에 이렇게 말씀하셨다.

"하물며 너희 천부께서 구하는 자에게 성령을 주시지 않겠느냐"

이 말씀은 마태복음 7:11에는 이렇게 기록되어 있다.

"구하는 자에게 좋은 것을 주시지 않겠느냐"

이 두 말씀을 통하여 성도가 기도할 때 받는 많은 축복 중에서 가장 좋은 것은 성령의 은혜인 것을 알 수 있다.

성령이 귀한 선물인 증거는 성경 여러 곳에 기록되어 있다.

요셉도 성령의 충만함을 받았고(창41:38), 모세도(민11:17), 여호수아도(민27:18), 다니엘도(단4:8) 마찬가지다. 이스라엘의 사사 중에서 크게 쓰임 받은 사사의 공통점은 성령의 충만함을 받은 것이다. 옷니엘도(삿3:10), 기드온도(삿6:34), 입다도 (삿

11:29) 그렇다. 특히 삼손은 하나님의 신에게 크게 감동 되었다고 성경은 반복하며 증거하고 있다.(삿14:6;14:19) 이 말씀은 성령의 충만함을 크게 받은 사람이 하나님의 영광을 크게 나타낼 수 있음을 말한다.

2. 성령은 하나님의 손이다.

예수님은 마태복음 12:28에서 이렇게 말씀하셨다.

"내가 성령을 힘입어 귀신을 쫓아내면, 하나님의 나라가 이미 너희에게 임하였느니라."

이 말씀은 누가복음 11:20에 이렇게 기록되어 있다.

"내가 하나님의 손을 힘입어 귀신을 쫓아내면 하나님의 나라가 너희에게 임하였느니라."

이 두 가지 말씀을 통하여 신약 시대의 성령이, 구약 시대의 하나님의 손과 동일한 일을 하심을 알 수 있다.

그런데 구약 시대에 '하나님의 손'은 어떤 일을 하셨을까?

홍해가 갈라지는 기적으로 이스라엘 백성들을 애굽에서 구원하셨고(출15:6-17) 요단강이 갈라지게 하셨으며(수4:23-24) 사무엘 선지자 시대에 블레셋의 침략에서 건져주셨으며(삼상7:13) 여호사밧 왕 때 모압과 암몬 연합군의 침략에서 지켜주셨고(대하20:6) 무너진 예루살렘 성벽을 건축하기 위하여 위험한 길로 가는 느헤미야의 행로를 형통하게 하셨다.

"또 왕의 삼림 감독 아삽에게 조서를 내리사 … 내 하나님의 선한 손이 나를 도우심으로 왕이 허락하고 "(느2:8)

"또 저희에게 하나님의 선한 손이 나를 도우신 일과 왕이 내게 이른 말씀을 고하였더니…"(느2:18)

특별히 다윗은 그가 기록한 73편의 시편 속에서 '하나님의 손'이란 말을 무려 24번 기록하고 있다.

그러므로 오늘날에도 하나님의 자녀들이 성령 충만한 은혜를 받으면, 그것은 구약 시대에 하나님의 손을 잡은 것과 같은 것이기에 놀라운 승리의 삶을 살게 되는 것이다.

3. 성경에 기록된 대표적인 성령의 은혜

① **창조하심** (창1:2)
: 천지 창조때 성령께서 수면위에 운행하셨다.
② **지혜주심** (출31:3)
: 성막 건축 맡은 일꾼들에게 필요한 조건
③ **충성하게 함** (민11:17)
: 모세를 도울 70 장로에게 허락하신 은총
④ **경외하게 함** (사11:2)
: "여호와를 경외하는 신이 그 위에 강림하시니"
⑤ **축복으로 인도** (사32:15)
: "마침내 위에서부터 성신을 부어주시리니 광야가
아름다운 밭이 되리라." 신약 시대에 다가올 성령의 은혜에 대한 예언이다.
⑥ **자유와 기쁨** (사61:1)
: "포로 된 자에게 자유를"
⑦ **꿈꾸게 함** (욜2:28)
: "내 신을 만민에게 부어 주리니 늙은이는 꿈을 꾸며"
⑧ **거듭나게 함** (요3:5)
: 예수께서 니고데모에게 말씀한 거듭남의 중요성
⑨ **진리로 인도** (요16:13)
: "진리의 성령이 임하시면 진리 가운데로 인도하리니"

⑩ 권능을 주심 (행1:8)

: "성령이 너희에게 임하시면 너희가 권능을 받고"

⑪ 기도를 도우심 (롬8:26)

: "성령도 우리의 연약함을 도우시나니 우리가 마땅히 빌 바를 알지 못하나"

⑫ 은사를 주심 (고전12:11)

: 9가지 은사와 성령의 일하심.

⑬ 영광의 삶 (벧전4:14)

: 고난을 영광으로 바꾸신다.

성경에 기록된 성령의 위대함은 생명의 능력 때문이다.

우리는 그 사실을 3번의 창조와 탄생으로 알 수 있다.

① **천지 만물의 창조 때에도** 성령은 수면위에 운행하셨다.(창1:2)

② **예수님이 탄생 하실 때도** 성령은 놀랍게 역사하셨다(마1:18).

③ **교회가 탄생 한 것도** 성령강림 때문 이였다(행2:4).

이 놀라운 부활과 생명의 영인 성령은 지금도 성도의 영혼 속에 계시면서 위대한 창조의 역사를 일으키기를 간절히 소원하고 계신다.

그것이 바로 이 땅위의 모든 성도들이 성령의 귀중함을 깨닫고, 성령의 도우심을 구하며, 성령의 충만함을 받아야 하는 중요한 이유인 것이다.

망망한 바다 한가운데서 배 한 척이 침몰하게 되었습니다.
모두들 구명보트에 옮겨 탔지만 한 사람이 보이지 않았습니다.
절박한 표정으로 안절부절 못하던 성난 무리 앞에 급히 달려 나온 그 선원이
꼭 쥐고 있던 손바닥을 펴 보이며 말했습니다.
"모두들 나침반을 잊고 나왔기에 … "
분명, 나침반이 없었다면 그들은 끝없이 바다 위를 표류할 수 밖에 없을 것입니다.

우리는 삶의 바다를 항해하는 모든 이들을 위하여
그 나침반의 역할을 하고 싶습니다.
우리를 구원하신 위대한 주 예수 그리스도를 널리 전하고 싶습니다.

"하나님은 모든 사람이 구원을 받으며
진리를 아는 데에 이르기를 원하시느니라"
(디모데전서 2장 4절)

**성경안에 숨어있는
50가지 보석찾기**

지은이 | 초진수
발행인 | 김용호
발행처 | 나침반출판사

제1판 발행 | 2018년 2월 1일

등 록 | 1980년 3월 18일 / 제 2-32호
주 소 | 07547 서울특별시 강서구 양천로 583
블루나인 비즈니스센터 B동 1607호
전 화 | 본사 (02) 2279-6321 / 영업부 (031) 932-3205
팩 스 | 본사 (02) 2275-6003 / 영업부 (031) 932-3207
홈 피 | www.nabook.net
이 메 일 | nabook@korea.com / nabook@nabook.net

ISBN 978-89-318-1555-9
책번호 가-9066

값은 뒷표지에 있습니다.